たって

本書は、銀行業務検定試験「法務３級」を受験される方のために刊行されたものです。

預金・融資などの基本業務をはじめとして金融機関の業務はすべて法律あるいは各種約定書にもとづいて行われており、それらの法務知識を習得することは日常業務を正確かつ円滑に遂行するうえで必要不可欠なものです。そのため、同試験では、実務上必要とされる基本的な法務知識を問うものとなっています。

本書は、受験前の貴重な時間を有効に利用したいという受験者のために、過去の出題傾向を分析し、出題頻度の高い70項目を厳選したうえで、簡潔・明瞭に整理・解説することを主眼に制作しました。

また、各項目には重要度を★の数で示すとともに（重要度が高くなるにつれ数がふえます）、本書で取り上げた項目と関連性の高い過去の出題について直近の試験実施年月・問題番号を掲載し、読者の皆さまの便宜を図っています。

なお、本書はあくまで試験直前の重要項目の整理を目的とするものであり、決して合格を約束するものではありません。したがって、本書の利用にあたっては、「銀行業務検定試験 法務３級問題解説集」を通読・学習後、総仕上げとして活用していただければ幸いです。

2012年７月

経済法令研究会

目　次

第1章　預　金

第2章　融　資

第3章　決　済

（内国為替）

第1章

預　金

1 預金契約の法的性質・成立時期

重要度　[★★☆]　　進度チェック☑☑☑

出題【23年6月・問1／22年10月・問1】

預金契約の法的性質

預金契約とは、銀行が預金者から受け入れた金銭を預かり、後日、預金者から返還の請求があったときに同額の金銭を返還する契約であることから、金銭の消費寄託契約（民法666条）であると解されています。

預金契約・預金債権の成立時期

預金契約の成立時期は、銀行が預金者から受け入れた金銭を預かり、後日、預金者から返還の請求があったときに同額の金銭を返還することについて銀行と預金者の意思表示があった時です。その後、または預金契約と同時に、金銭その他これと同一視できるものの銀行への引渡しがあった時に、預金債権が発生します。預金債権は、現金のほか、手形や小切手等の証券類、振込金などの受入れによっても成立します。

⑴ 現　金

過去の判例では、店頭で現金を入金する場合には、顧客が現金を窓口に差し出しただけでは成立せず、窓口係員が現金を受け取って計算確認した時に成立すると解されていました（大判大正12・10・20）。

また、渉外担当者が店舗外で集金による受入れを行った場合は、銀行に現金を持ち帰って、所定の内部手続が完了した時に預金契約が成立するとする判例と、預金の受入権限を有する者が現金を受領した場合には、受領した時に預金契約が成立するとする判例がありました。この違いは、現金を受け取った者が預金の受入権限を有していたかどうかによるものです。

これらについては、現在は預金契約が要物契約ではなく、意思表示によって成立する諾成契約であるため預金契約の成立について当てはめることはできませんが、預金債権の成立については参考になるものと考えられます（⑵以下も同様）。

ATM（現金自動預払機）による場合には、預金者が機械に現金を投入し、機械が現金を計算してその金額をディスプレイ面に表示し、預金者がこれを確認した時に、預金債権が成立すると解されています。

⑵　当店券

当店券については、その入金口座に入金記帳をした後に引落記帳した場合について、当日中に不渡通知がなされることを解除条件として、預入時に預金契約が成立するとする判例がありました（大阪高判昭和42・1・30金融法務事情468号28頁）。

⑶　他店券

他店券を預金として受け入れた場合の預金債権の成立時期は、取立委任説と譲渡説があります。

取立委任説では、他店券が取立済みになってはじめて預金として成立するとされます。判例は取立委任説によっており（最判昭和46・7・1金融・商事判例273号6頁）、実務も取立委任説を前提にしており、その旨を普通預金規定ひな型（4条1項）、当座勘定規定ひな型（2条1項）等において定めています。

⑷　振込・振替

振込入金および貸付代り金から預金へ、定期預金の解約代り金等から預金への振替入金については、当該口座に入金記帳された時に預金債権が成立するとされています。

預金通帳・証書の法的性質

重要度 ［★★☆］　進度チェック☑☑☑

出題【23年10月・問1／21年6月・問1】

預金通帳・証書の法的性質

預金を受け入れると、銀行は預金者に預金通帳・証書を発行し、預金者が預金の払戻請求をするときには、これを提出するものとしています。預金通帳・証書の法的性質は、預金債権の存在・内容を証明する証拠証券であるとされています。

また、預金規定において、銀行が払戻請求書・証書の印影と届出印鑑と照合して相違がないと認めて払戻しをしたときは、その払戻しについて銀行は責任を負わないことが明記されています。その意味で、通帳・証書は免責証券としての性質も有しています。

預金通帳・証書の喪失

預金通帳・証書は預金債権の存在を証明する証拠証券にすぎませんから、第三者が預金通帳・証書を所持するだけでは預金債権を善意取得することはありません。したがって、有価証券の場合のように、公示催告・除権決定手続の対象にはなりません。

預金通帳・証書を喪失した者は、ただちに書面によって口座開設店に届け出ること、および届出前に生じた損害について銀行は責任を負わない旨が預金規定に定められています。

なお、預金通帳・証書がなくても預金者本人であることが確認できれば預金通帳・証書を再発行する前であっても預金の払戻しをすることは可能です。

ところで、預金通帳・証書のない便宜扱いであっても受領権限者としての外観を有する者に対する弁済の規定（民法478条）が適用されますが、払戻しの際の銀行の注意義務の程度は通帳・証書による払戻しに比べて加重されます。

預金者の同一性

預金者が婚姻、養子縁組等によって氏を改めることがありますが、預金者の名称変更があっても、法律上の人格には変更がなく、預金者の同一性に変更はありません。

同様に、法人の場合も商号等が変更されても法人としての同一性は変更がないため、預金者の同一性も変更はありません。

また、法人の代表者が死亡したり交代したりした場合は、新しい代表者との間で取引を行うことになりますが、同一法人との取引に変わりはありません。組織変更をした場合にも、会社の法人格が変わるものではないので、預金者の同一性が変更されることはありません。

以上に対して、預金者が死亡して相続が開始された場合には、被相続人の預金は相続人等預金を相続した者に変更されますので、預金者の同一性は失われます。

なお、会社が他の会社を吸収合併した場合には、消滅する会社の権利・義務は存続する会社に包括的に承継されますから、預金者の同一性は失われません。

取引時確認、疑わしい取引の届出

重要度 ［★★★］　進度チェック ☑☑☑

出題【23年6月・問2・問3／22年10月・問2・問3】

取引時確認が必要な預金関連取引

銀行は、顧客と取引する場合、犯罪による収益の移転防止に関する法律（以下「犯罪収益移転防止法」という）にもとづき、以下の事項を確認しなければなりません（これを「取引時確認」という。犯罪収益移転防止法４条１項）。

① 本人特定事項（個人の場合は氏名、住居、生年月日、法人の場合は名称、本店または主たる事務所の所在地）
② 取引を行う目的
③ 職業（法人の場合は事業の内容）
④ 法人の場合でその法人を実質的に支配する者がいる場合はその者の本人特定事項

銀行において取引時確認が必要とされるのは、顧客との間の継続的な取引の開始、一定金額（200万円）を超える単発取引（大口現金取引）です。

預金関係の取引では、以下の取引が対象となります。

① 預金または貯金の受入れを内容とする契約の締結（同法施行令７条１項１号イ）
② 定期積金等の受入れを内容とする契約の締結（同号ロ）
③ 信託にかかる契約の締結等（同号ハ）

現金、持参人払式小切手・自己宛小切手（線引小切手は除く）または無記名公社債の本券もしくは利札の受払をする取引にあっては、取引金額が200万円を超えるもの（同号ツ）、10万円を超える現金による振込の場合も取引時確認が必要です（同号ツ）（預貯金口座を通じて行う振込の場合は取引時確認の必要はなし）。

銀行の提携によるいわゆる「他行カードによる振込」においても10万円を超える振込の場合には、取引時確認が必要になります。この場合、提携銀行から口座開設銀行に対して照会をして取引時確認をすることになります。

なお、現金等受払取引等１回の取引金額に限度額が定められている取引について、明らかに金額を減少させるために２回以上に分けたものである場合は、１回の取引とみなされます（同条３項）。

本人確認書類・本人特定事項の確認方法等

⑴　本人確認書類

①　個人の場合

運転免許証、パスポート、在留カード、各種健康保険証、国民年金手帳、印鑑登録証明書、個人番号カード、戸籍の謄抄本、住民票の写し、官公庁から発行・発給された書類その他これに類するもので氏名・住居・生年月日の記載があるもの等（犯罪収益移転防止法施行規則７条１項１号）。

②　法人の場合

法人設立にかかる登記事項証明書、印鑑登録証明書等、官公庁から発行・発給された書類その他これに類するもので法人の名称・本店または主たる事務所の所在地の記載があるもの（同項２号）。

⑵　本人特定事項の確認方法

①　個人の取引

上記本人確認書類のうち、本人しか取得することができないもの（運転免許証、パスポート、在留カード、各種健康保険証等）については、それらの提示によって確認することができます（同法施行規則６条１項１号イ）。

一方、公的書類であっても第三者が入手できる住民票の写しなどは、当該書類の提出を受けることに加えて、当該書類に記載されている住居に宛ててキャッシュカード等の取引関係書類を書留郵便等により転送不要郵便物として郵送することが求められます（同号ロ）。

なお、各種健康保険証等の写真がない本人確認書類については、他の写真のない本人確認書類または住居が記載された補完書類（公共料金等の領収証書等）が必要となります（同号ハ）。

代理人による取引の場合には、本人のほか代理人についても本人特定事項の確認が必要となります（犯罪収益移転防止法４条４項）。たとえば、夫名義の口座を妻が開設する際には、口座の名義人となる夫の取引時確認に加えて、妻の本人特定事項の確認も必要となります。

なお、オンラインによる確認方法には、顧客から、①金融機関が提供するソフトウエアを使用して本人確認用画像情報の送信を受ける方法（同法施行規則６条１項１号ホ)、②上記①に加え、写真付き本人確認書類に組み込まれた半導体集積回路に記録された情報の送信を受ける方法（同号へ）等があります。

②　法人との取引

法人の場合は、法人自体の取引時確認に加え、取引担当者についても本人特定事項の確認が必要です。

法人に実質的支配者がいる場合は、その確認も必要となります。この場合の確認は、当該法人から申告を受ける方法で足ります。

顧客等が国、地方公共団体、人格のない社団または財団等である場合には、取引の任にあたっている自然人を本人とみなして確認すればよいとされています（犯罪収益移転防止法４条５項)。

なお、オンラインによる確認方法には、顧客から、法人の名称および本店等の所在地の申告を受け、かつ、民事法務協会が運営する登記情報提供サービスからの登記情報の送信を受ける方法（同法施行規則６条１項３号ロ)、国税庁が運営する法人番号公表サイトで公表されている登記情報を確認する方法（同号ハ）等があります。

⑶　確認記録の作成・保存

銀行は、本人確認書類によって取引時確認を行った場合は、ただちに確認記録を作成しなければならず（犯罪収益移転防止法６条１項)、その記録は当該取引等にかかる契約が終了した日その他同法施行規則21条に定める日から７年間保存しなければなりません（同条２項)。

確認記録には以下の事項を記載しなければなりません（同法施行規則20条１項)。

①取引時確認を行った担当者の氏名・担当者を特定する事項、②確認記録の作成者の氏名・担当者を特定する事項、③本人確認書類の提示を受けたときは提示を受けた日時、④本人確認書類の送付を受けたときは送付を受けた日付等。

⑷　ハイリスク取引

以下の①～③に掲げる者は厳格な顧客管理を要する者として、それらの者と取引する場合は通常の取引時確認に加え、当該取引が200万円を超える資産の移転を伴う場合には、その者の資産・収入の状況を確認しなければなりません（犯罪収益移転防止法４条２項）。

なお、これらの者については、取引時確認済みの顧客であっても改めて取引時確認を行う必要があり、①の者については、他の取引で行った確認方法と異なる方法で行わなければなりません（同条同項）。

①　なりすまし等の疑いのある者、他の取引において取引時確認事項を偽っていた疑いのある者

②　特定の国・地域（イラン・北朝鮮等）に居住する者

③　外国PEPs（外国において重要な公的地位を有する者（国家元首や首相等）、およびこれらの者であった者、ならびにこれらの家族。なお、これらの者が実質的支配者である法人も含まれる）。

疑わしい取引の届出

銀行は、預金取引等で受け入れた資金が犯罪による収益である疑いがある場合、また架空名義のおそれがあるとして口座開設を断った場合等については、疑わしい取引としてその旨をすみやかに行政庁に届け出なければなりません（犯罪収益移転防止法８条１項）。

疑わしい取引の届出をする判断については、取引時確認の結果、当該取引の態様その他の事情、および国家公安委員会が作成・公表した「犯罪収益移転危険度調査書」の内容を勘案して行うことになります（同条２項）。

金融機関の態勢整備

金融機関は、取引時確認を的確に行うための措置として、①使用人に対する教育訓練、②取引時確認等の措置の実施に関する規程の作成、③取引時確認等の措置の的確な実施のために必要な監査その他の業務を統括管理する者の選任、④犯罪収益移転危険度調査書を勘案し、自ら行う取引についての調査・分析した書面の作成・見直し・変更などを講ずるように努めることとされています（犯罪収益移転防止法11条）。

4 預金の譲渡

重要度 ［★★☆］　　進度チェック☑☑☑

出題【21年10月・問10／18年10月・問10】

預金債権の法的性質

預金契約が成立し、現金等の授受がなされると、預金者は銀行に対して預け入れた預金の払戻請求権を取得しますが、この払戻請求権のことを預金債権といいます。

また、特定の預金者が債権者ですから、指名債権の法的性質を有することになります。

債権譲渡を禁止する特約の効力

民法では、債権譲渡を禁止する特約（または譲渡を制限する特約）に反して行われた譲渡であっても、譲渡自体は有効であると規定し（民法466条2項）、一方で、債権の譲受人がかかる特約があることを知っていた、または重大な過失によって知らなかった場合には、債務者は譲受人に対する債務の履行を拒むことができると規定しています（同条3項）。

これは、企業が有する債権を担保として資金を調達する手法が広まる中、債権譲渡を禁止または制限する特約がかかる資金調達の妨げにならないようにし、一方で債務者の保護も図るための規定となります。

預金債権の例外

ただし、金融機関に対する預金債権が、債権譲渡を禁止または制限する特約に反して譲渡された場合は、債権の譲受人が債権譲渡を禁止または制限する特約があることを知っていた、または重大な過失によって知らなかった場合には、当該債権譲渡は無効とされます（民法466条の5第1項）。預金債権に譲渡禁止特約が付されていることは一般的に広く知られていることですので、一般的には預金債権が有効に譲渡されることはないでしょう。

ただし、譲渡禁止特約が付されていても預金債権の差押えは有効です（同条2項）。

偽造・盗難カード による預金の払戻し

重要度 ［★★★］　進度チェック☑☑☑

出題【23年10月・問5／23年6月・問7】

偽造カードによるATMからの預金の払戻し

偽造カードを用いて行われた預金払戻しについては、①預金者の故意によるものであるとき、②銀行が善意・無過失であって預金者の重大な過失によるときは、その払戻しは有効となります（偽造カード等及び盗難カード等を用いて行われる不正な機械式預貯金払戻し等からの預貯金者の保護等に関する法律（以下「預金者保護法」という）４条）。これは、偽造カードが使用されたことによる損害は、原則として銀行が負担することとし、預金者の責に帰すべき重大な事由がある場合には預金者の負担とするものです。なお、この場合、民法478条は適用されません（同法３条）。

盗難カードによるATMからの預金の払戻し

盗難カードによる預金の不正な払戻しについては、①預金者が盗難にあったことをすみやかに銀行に通知する（盗難届の届出）、②銀行の調査への協力（盗取された事情、状況の十分な説明）、③捜査機関への被害届の提出、を条件に銀行に過失がない場合でも、銀行に盗難の通知がなされた日からさかのぼって30日以内の被害額を銀行が負担するとされています（預金者保護法５条）。

以上の原則に対して、当該払戻しが、①不正な払戻しでないこと、②預金者の故意・過失、③銀行の善意・無過失、を銀行が証明したときは補てん金額は４分の３に減額されます（同条２項ただし書）。

しかし、①預金者の重大な過失、②当該払戻しが預金者の配偶者、２親等内の親族、同居の親族その他の同居人または家事使用人により行われた場合、③預金者が銀行への説明において重要な事項について偽りの説明を行った場合、には銀行は補てん責任を負いません（同条３項１号）。

盗難カードの場合には、偽造カードの場合と異なり民法478条が適用されます。

全銀協における預金通帳等の不正払戻しへの対応

全銀協では平成20年２月に「預金等の不正払戻しへの対応」をとりまとめ、普通預金規定（個人用）の参考例を公表しました。その主たる内容は次のとおりです。

補償の対象は個人に限られており、①すみやかに銀行に通知すること、②銀行の調査に対する十分な説明がなされること、③警察への被害届を提出していること、の要件を満たしている場合には、不正な払戻しの額に相当する金銭の補てんを請求できることになっています（普通預金規定（個人用）〔参考例〕９条１項)。そして、この補てん請求は預金者の故意による場合を除き、銀行への通知が行われた日の30日前の日以降になされた払戻し額等が補てん対象額になります（同条２項)。

なお、銀行が善意・無過失で預金者に過失（重過失を除く）があることを銀行が証明した場合には、補てん対象額は４分の３になります（同項ただし書)。そして、銀行が善意・無過失で当該払戻しが預金者の重大な過失により行われたことや、預金者の配偶者・親族等により行われたことを銀行が証明した場合には、補てんしないこと等を定めています（同条４項)。また、この補てん請求については、銀行への盗難通知が、この通帳が盗取された日から２年経過後に行われた場合には適用されないことになっています（同条３項)。

なお、上記「預金等の不正払戻しへの対応」では、預金者の重大な過失となりうる場合の例として、①預金者が他人に通帳を渡した場合、②預金者が他人に記入・押印済みの払戻請求、諸届けを渡した場合、③その他預金者に①および②の場合と同程度の著しい注意義務違反がある場合、をあげています。

また、預金者の過失となりうる場合の例として、①通帳を他人の目につきやすい場所に放置する等第三者に容易に奪われる状態に置いた場合、②届出印の印影が押印された払戻請求書、諸届けを通帳とともに保管していた場合、③印章を通帳とともに保管していた場合、④その他本人に①から③の場合と同程度の注意義務違反があると認められる場合、をあげています。

普通預金規定（個人用）〔参考例〕（抜粋）

9．（盗難通帳による払戻し等）

⑴　盗取された通帳を用いて行われた不正な払戻し（以下、本条において「当該払戻し」という。）については、次の各号のすべてに該当する場合、預金者は当行に対して当該払戻しの額およびこれにかかる手数料・利息に相当する金額の補てんを請求することができます。

①　通帳の盗難に気づいてからすみやかに、当行への通知が行われていること

②　当行の調査に対し、預金者より十分な説明が行われていること

③　当行に対し、警察署に被害届を提出していることその他の盗難にあったことが推測される事実を確認できるものを示していること

⑵　前項の請求がなされた場合、当該払戻しが預金者の故意による場合を除き、当行は、当行へ通知が行われた日の30日（ただし、当行に通知することができないやむを得ない事情があることを預金者が証明した場合は、30日にその事情が継続している期間を加えた日数とします。）前の日以降になされた払戻しの額およびこれにかかる手数料・利息に相当する金額（以下「補てん対象額」といいます。）を前条本文にかかわらず補てんするものとします。

ただし、当該払戻しが行われたことについて、当行が善意無過失であることおよび預金者に過失（重過失を除く）があることを当行が証明した場合には、当行は補てん対象額の４分の３に相当する金額を補てんするものとします。

⑶　前２項の規定は、第１項にかかる当行への通知が、この通帳が盗取された日（通帳が盗取された日が明らかでないときは、盗取された通帳を用いて行われた不正な預金払戻しが最初に行われた日。）から、２年を経過する日後に行われた場合には、適用されないものとします。

⑷　第２項の規定にかかわらず、次のいずれかに該当することを当行が証明した場合には、当行は補てんしません。

①　当該払戻しが行われたことについて当行が善意かつ無過失であり、かつ、次のいずれかに該当すること

A　当該払戻しが預金者の重大な過失により行われたこと

B　預金者の配偶者、二親等内の親族、同居の親族その他の同居人、または家事使用人によって行われたこと

C　預金者が、被害状況についての当行に対する説明において、重要な事項について偽りの説明を行ったこと

②　通帳の盗取が、戦争、暴動等による著しい社会秩序の混乱に乗じまたはこれに付随して行われたこと

⑸　当行が当該預金について預金者に払戻しを行っている場合には、この払戻しを行った額の限度において、第１項にもとづく補てんの請求には応じることはできません。また、預金者が、当該払戻しを受けた者から損害賠償または不当利得返還を受けた場合も、その受けた限度において同様とします。

⑹　当行が第２項の規定にもとづき補てんを行った場合に、当該補てんを行った金額の限度において、当該預金にかかる払戻請求権は消滅します。

⑺　当行が第２項の規定により補てんを行ったときは、当行は、当該補てんを行った金額の限度において、盗取された通帳により不正な払戻しを受けた者その他の第三者に対して預金者が有する損害賠償請求権または不当利得返還請求権を取得するものとします。

6 振り込め詐欺救済法

重要度 ［★★★］　進度チェック ☑☑☑

出題【23年10月・問7／22年10月・問10】

振り込め詐欺救済法

犯罪利用預金口座等に係る資金による被害回復分配金の支払等に関する法律（以下「振り込め詐欺救済法」という）は、預金口座への振込を利用して行われた詐欺等の犯罪行為により被害を受けた者に対する被害回復金の支払等のために、預金等にかかる債権の消滅手続や被害回復分配金の支払手続等を定めた法律です。

この法律による救済の対象になるのは、オレオレ詐欺、架空請求、融資保証金詐欺、還付金詐欺等の人の財産を害する犯罪行為であって、財産を得る方法として振込が利用されたものにより被害を受けた場合です（振り込め詐欺救済法２条３項）。

この法律では、預金口座等にかかる取引の停止等の措置として「金融機関は、当該金融機関の預金口座等について、捜査機関等から当該預金口座等の不正な利用に関する情報の提供があることその他の事情を勘案して犯罪利用預金口座等である疑いがあると認めるときは、当該預金口座等に係る取引の停止等の措置を適切に講ずるものとする」（同法３条１項）とし、同条２項では「金融機関は、前項の場合において、同項の預金口座等に係る取引の状況その他の事情を勘案して当該預金口座等に係る資金を移転する目的で利用された疑いがある他の金融機関の預金口座等があると認めるときは、当該他の金融機関に対して必要な情報を提供するものとする」と定めています。

預金等に関する債権の消滅手続として、銀行は当該銀行の預金口座等について捜査機関等から当該預金口座等の不正な利用に関する情報の提供があったこと等の事情を勘案して、犯罪利用預金口座等であると疑うに足りる相当な理由があると認めるときは（取引の停止等の措置がとられていない場合には停止等の措置をとったうえ）預金保険機構に対し、預金債権の消滅手続の開始にかかる公告を求めなければならないこととなっています（同法４条１

項)。

この場合の消滅手続については、振込利用犯罪行為において直接の振込先となった振込口座に関しては、銀行が事前に被害財産と他の財産とを区分することが必ずしも容易でないこと等から、銀行はその預金残高の全額について消滅手続を行わなければならないこととされています。これは名義人がその預金口座を生活口座や取引口座に利用していた場合でも同様です。

被害回復分配金の支払手続

被害回復分配金の支払手続等については振り込め詐欺救済法16条以下に定められています。すべての被害額相当の金銭があれば問題ありませんが、支払該当者の決定により定めた犯罪被害額の総額が消滅預金債権の総額を超える場合には、債権者平等の原則にもとづき被害額に応じた按分比例によって分配金が支払われます（振り込め詐欺救済法16条２項)。

また、この法律により定める手続により消滅した預金債権の額が1000円未満の場合には、被害回復分配金の支払は行われず（同法８条３項)、消滅した預金債権の額は預金保険機構に納付されます（同法19条１号)。

7 預金保険制度

重要度 ［★★★］　　進度チェック☑☑☑

出題【23 年 10 月・問 8・問 9 ／ 23 年 6 月・問 6・問 10】

預金保険制度の目的

預金保険制度は、銀行等の金融機関が払戻しを停止した場合に、預金者の保護をはかるために、預金保険機構が預金者に対して一定の保険金の支払をするほか、破たん金融機関のかかわる合併等に資金を援助し、信用秩序の維持をはかることを主な目的とする制度です。

対象金融機関

預金保険の対象となる金融機関は、日本国内にある銀行、信用金庫、信用組合、労働金庫、信金中央金庫、信用協同組合連合会、労働金庫連合会であり、政府系金融機関、外国銀行の在日支店は対象外です。また、農業協同組合、漁業協同組合、水産加工業協同組合は、別に農水産業協同組合貯金保険の対象となります。

対象となる預金等

預金保険制度の対象となる預金等については、以下のとおりです（預金保険法２条２項）。

① 預金（普通預金、通知預金、納税準備預金、貯蓄預金、定期預金）
② 定期積金
③ 別段預金
④ 掛金
⑤ 元本補てん契約のある金銭信託（貸付信託を含む）
⑥ 金融債（保護預り専用商品に限る）
⑦ これらの預金等を用いた積立・財形貯蓄商品、確定拠出年金の積立金の運用にかかる預金等

外貨預金、譲渡性預金、他人名義預金、架空名義預金、導入預金などは対

象外です。なお、当座預金・無利息の普通預金等「決済用預金」は、限度額の定めはなく、預金の全額が保護されます。

保護される限度額

保険によって保護される限度額は、1金融機関ごとに預金者1人に対する保険金支払限度額は元本1000万円およびその利息等の合計額です。

同一の預金者が破綻金融機関に対して複数の預金口座を有する場合に、同一人の預金として合算されます。

保険料

預金保険制度の原資となる保険料は、預金保険制度の対象となる金融機関が預金量等に応じて、毎年、預金保険機構に納付します。

休眠預金等活用法

預金保険法に定める一般預金等、決済用預金等を対象に、預金者等の利益を保護しつつ休眠預金等を活用することで国民生活の安定向上および社会福祉の増進に資することを目的に、民間公益活動を促進するための休眠預金等に係る資金の活用に関する法律（以下「休眠預金等活用法」という）が平成30年1月1日に施行されました。

これにより、金融機関は最終異動日等から9年を経過した預金等があるとき、休眠預金等代替金の支払に関する事項等を公告・通知します（休眠預金等活用法3条)。金融機関は、公告をした日から2ヶ月を経過した休眠預金等があるとき、1年を経過する日までに休眠預金等移管金を機構へ納付しなければなりません（同法4条)。この納付により、当該預金債権は消滅します（同法7条)。休眠預金等に係る預金者等であった者（旧預金者等）は、休眠預金等代替金の支払を請求することができ、その場合、金融機関は機構に対して求償します。

機構は、移管金相当額から旧預金者等からの支払請求に備えた準備金、休眠預金等管理業務に必要な経費を控除した金額のうち、内閣総理大臣の認可を受けた事業計画の実施に必要な金額を指定活用団体に交付し、休眠預金等は当該事業計画の実施に利用されることになります（同法8条)。

相続制度の概要と相続預金の払戻し

重要度［★★★］　進度チェック☑☑☑

出題【22年10月・問5／22年6月・問9】

相続とは

相続とは、ある自然人（被相続人）の法律上の地位、財産上の権利義務が、その死亡により、特定の人（相続人等）に承継帰属することをいいます。

相続による財産の承継については、遺言がない場合は法律に定められた内容に従うことから、法定相続とよばれています。

法定相続人

法定相続の場合の相続人は、法律に定められており、法定相続人と呼ばれます。被相続人の配偶者は常に法定相続人となり（民法890条）、子・親・兄弟姉妹については、相続開始時に子がいる場合は子、子がいない場合は親、子も親もいない場合は兄弟姉妹と、順に法定相続人になります（同法887条1項・889条1項）。

なお、相続人から外れる事由として、相続放棄（同法915条）、一定の事由がある場合に相続人・受遺者になれないとする欠格（同法891条）、被相続人の意思により相続人から除くことができる推定相続人の廃除（同法892条・893条）等があります。

共同相続

相続人が数人あるとき、相続財産は、共同相続人の共有に属することになります（民法898条）。よって、遺言がある場合を除き、相続財産については共同相続人間で遺産分割を行うことになります。

遺産の分割は、遺産に属する物または権利の種類および性質、各相続人の年齢、職業、心身の状態および生活の状況その他一切の事情を考慮してこれをすることになります（同法906条）。

ここで、遺産の分割は必ずしも遺産を現物で分割する必要はなく、遺産の性質や相続人の職業等に適するように分割することができるものですが、各自の相続する財産の価値は相続分にかなうようにしなければならず、その変更は基本的には認められません（東京高決昭和37・4・17家裁月報14巻10号121頁、福岡高決昭和40・5・6家裁月報17巻10号109頁）。

この点に関して、特定の遺産を特定の相続人に「相続させる」趣旨の遺言（これを「特定財産承継遺言」という）は、原則として遺産分割の方法が指定されたものと解され（最判平成3・4・19民集45巻4号477頁）、さらに対象財産の価額が法定相続分を超える場合は相続分の指定を含むと考えられることになります。

遺産分割の方法・効果

遺産分割の具体的な方法としては、現物分割・代償分割、換価分割・共有分割・用益権設定による分割があります。

現物分割では、個々の物件そのものを複数の相続人に分割し、あるいは個々の物件そのものは分割せずに、ある物を長男に、ある物を次男にという形で、遺産を配分することになります。

代償分割では、特定の相続人が遺産を取得する代わりに、その相続人から他の相続人に対してこれに見合う代償金を支払うことになります。

換価分割では、遺産を売却してその売却代金を分配することになり、共有分割では、個別の財産について、共同相続人のうち複数の者が共有することになります。用益権の設定による分割では、たとえば、不動産の（賃借権の負担付きの）所有権を長男が取得して次男がその不動産の賃借権を取得する等、遺産に新たに用益権を設定し、その用益権を相続人に取得させることで遺産を分割することになります。

遺産の分割は、相続開始の時にさかのぼってその効力が生じますが、遺産分割がなされる前の第三者の権利を害することはできないものとされています（民法909条）。この第三者には持分の差押債権者も含まれ、遺産の分割について知っている第三者もこれに含まれることから、債権回収の局面において必要がある場合には、遺産分割がなされる前に遺産への差押等を行うという対応も考えられます。

遺留分

遺留分とは、相続人への留保が保障された相続財産のうちの割合であり、被相続人の贈与、遺贈によっても害されないものをいいます。

遺留分は兄弟姉妹以外の相続人が有し、遺留分権利者の遺留分の合計割合は、父母等の直系尊属のみが相続人である場合は被相続人の財産の３分の１、それ以外の場合は被相続人の財産の２分の１となります（民法1042条１項）。よって、各遺留分権利者が有する個別遺留分割合は、（法定相続分）×（３分の１または２分の１）となります（同条２項）。

遺留分を侵害してなされた遺言による相続については、侵害額に相当する金銭の支払を請求することができ、これを遺留分侵害額請求権といいます。

遺留分侵害額については（遺留分額）－（特別受益財産の価額）－（相続で取得した財産の価額）＋（遺留分権利者が負担する債務額）となります。

遺留分侵害額請求権が行使された場合、遺留分権利者は受遺者・受贈者に対する金銭債権を取得することになります（同法1046条１項）。

遺留分侵害額請求権は、遺留分侵害額請求権が行使可能なことを知ってから１年これを行使せず、あるいは相続開始時から10年経過した場合は、遺留分侵害額請求権は時効によって消滅します（同法1048条）。

預金者死亡時の法律関係と預金債権の承継

預金者が死亡すると相続が開始し、預金は相続財産として相続人に承継されます。

性質上可分な金銭債権について、判例は、相続開始と同時に各共同相続人に相続分に応じて当然分割承継されると解しています（最判昭和29・４・８民集８巻４号819頁）。この点、預金債権については、その性質等に鑑みると、「相続開始と同時に当然に相続分に応じて分割されることはなく、遺産分割の対象となる」とされています（最決平成28・12・19金融・商事判例1510号37頁）。

相続預金の払戻手続

前記最高裁決定の判断に従い、遺産分割協議が終了していることを確認したうえで、同協議書の提示を受けて預金の払戻しに応じます。もし、遺産分割協議終了前に、共同相続人の１人から相続預金の払戻請求があった場合、共同相続人全員の同意がない限り、払戻しに応じることはできません。

預金の仮払い制度

預金については、遺産分割の成立前に相続人の生活等に必要となることがあることから、遺産分割の成立前に相続人が預金の一部の仮払いを受けることが認められています。

各共同相続人は、遺産に属する預金のうち、各口座ごとに以下の計算式で求められる額まで（同一の銀行に対しては150万円が上限）については、他の共同相続人の同意がなくても単独で払戻しをすることができます（民法909条の２）。

単独で払戻しをすることができる額＝（相続開始時の預金債権の額）×（３分の１）×（当該払戻しを求める共同相続人の法定相続分）

実務上留意すべき事例

①　葬式費用

葬式費用に充てるため相続預金の払戻しについては、遺産分割協議前であるため原則として払戻しに応じることはできませんが、緊急を要する費用ということで相続人全員の同意のもとで払戻しに応じてよいと考えられます。

②　公共料金の口座振替

口座振替契約は準委任契約と解されており、同契約は委託者の死亡によって終了するため（民法656条・653条１号）、被相続人の預金口座から公共料金の振替決済をすることはできません。

③　当座預金からの手形・小切手の引落し

当座勘定取引は委任契約を含んでいることから取引先の死亡により終了します。取引先の死亡後に手形・小切手が交換呈示された場合は「振出人等の死亡」の事由で不渡返還します。ただし、相続人全員からの依頼があれば、支払っても差し支えありません。

遺言および遺言書保管制度の概要

重要度 ［★★☆］　進度チェック☑☑☑

出題【21年10月・問5／18年10月・問5】

遺　言

遺言は本人の死亡によって法律効果が生じます。遺言は死亡するまで何回もすることができ、前の遺言に抵触する新たな遺言や処分行為をしたときは、その限度で前の遺言を撤回したものとみなされます。

遺言の方式には、普通方式として、①自筆証書遺言、②公正証書遺言、③秘密証書遺言、特別方式として、死亡危急者、伝染病隔離者、在船者、船舶遭難者の遺言があります。

自筆証書遺言については全文自書によることが原則ですが、財産目録については自書が不要です（民法968条２項前段）。これにより、財産目録は、パソコン等によって作成されたものはもちろん、不動産の登記事項証明書や預金通帳のコピーでもよいとされています。

このような財産目録については、遺言者の署名押印が必要であり、財産目録が複数枚になる場合はそのすべてに署名押印が必要となります（同条後段）。

自筆証書遺言と秘密証書遺言は家庭裁判所の検認手続が必要ですが、検認手続は一種の証拠保全手続で、遺言書が真正に成立したことを証明するものではありません。

なお、判例によると、銀行は、遺言の有無について、特段の事情のない限り払戻請求をした相続人に一応確認すればよく、それ以上特別の調査をする義務はないと解されています。

自筆証書遺言の保管制度

遺言者は、その自筆証書遺言について、「法務局における遺言書の保管等に関する法律」（以下「遺言書保管法」という）にもとづき、保管をすることが可能です（2020年７月10日施行）。

遺言書保管法は、自筆遺言証書は自宅で保管されることが多く、当該遺言の紛失や相続人による隠匿、変造等のおそれがあり、その結果、遺言書の所在がわからなかったり、複数の遺言が作成され、自筆証書遺言をめぐる紛争が発生したりすることがあることから制定されました。

遺言書保管法では、自筆証書遺言の改ざんや紛失を防止するために公的機関で遺言書を保管する制度が定められています。これにより、自筆証書遺言を、所定の法務局によって保管されることが可能となります。

この自筆証書遺言の保管制度の利用によって、当該遺言の改ざんや紛失リスクを防止するとともに、遺言書の存在を把握しやすくなることが期待されます。さらに、保管された遺言については検認が不要となるといったメリットもあります（遺言書保管法11条）。

また、公的機関である法務局において遺言の保管を行うため、遺言者が全国一律のサービスを受けられることや、プライバシーを確保しつつ自筆証書遺言の保管ができるといった点にも配慮されると考えられます。

遺言書保管法の概要

自筆証書遺言の保管制度を設ける遺言保管法では、以下の点などが定められています。

- 遺言書の保管の申請（遺言書保管法４条）
- 遺言書保管官による遺言書の情報管理（同法７条）
- 遺言者による遺言書の閲覧（同法６条２項～３項）、保管の申請の撤回（同法８条）
- 遺言書の保管の有無の照会（同法10条）および相続人等による証明書の交付請求等（同条）
- 遺言書の検認の適用除外（同法11条）
- 手数料（同法12条）

10 預金残高証明書の発行、預金取引経過の開示

重要度 ［★★☆］　進度チェック☑☑☑

出題【22年6月・問10／21年3月・問4】

相続人に対する預金残高証明書の発行

相続人は相続開始時の被相続人のいっさいの権利・義務を承継し、預金も相続人が引き継ぐことになりますが、相続人は相続を単純承認、限定承認、または放棄をするかを決める必要があります（民法915条１項）。そこで、相続人は、被相続人の財産の内容を把握し、この判断をするために相続財産を調査できることになっており（同条２項）、相続人から銀行に対して被相続人の預金の残高照会や残高証明書の発行依頼がなされることがあります。

相続人からの残高照会や残高証明書の発行依頼に対しては、相続の開始および依頼人が相続人であることを確認したうえ、これに応じることができます。また、遺言執行者からの照会・依頼についても、遺言執行者は遺言の執行に必要ないっさいの行為をすることができるので（同法1012条１項）、相続人の場合と同様、遺言執行者からの依頼であることを確認のうえ応じることができます。

これに対して、被相続人の債権者やその弁護士であるとか、被相続人と離婚した先妻である等、そもそも相続権が認められない者からの残高照会や残高証明書の発行依頼に応じると、秘密保持義務違反となりますから注意が必要です。

さらに、相続に関係のない、たとえば預金者の勤める会社の経営者や上司からの依頼があった際はもとより、弁護士、税理士等を通じて第三者から照会・依頼があった場合も、これに応じることは本人の承諾（代理権が付与されている場合も含む）のない限り、秘密保持義務違反となります。

他方、預金者の破産管財人から残高証明書の発行依頼があったときは、破産管財人は破産財団に属する財産の管理処分権があるので、これに応じる義務があります。

銀行が残高証明書の金額を誤ったために、これを信じて取引を行った第三

者に損害が生じた場合には、銀行は不法行為による損害賠償責任を問われることがあります。しかし、残高証明書に記載された金額が誤っている場合でも、その金額で預金債務を負担することはありません。

預金取引経過の開示

銀行は共同相続人の１人から被相続人の預金の取引経過の開示請求を受けることがありますが、この点について、最高裁は、次のように判断しています（最判平成21・１・22金融・商事判例1309号62頁）。

まず、預金の法的性質について、預金契約は消費寄託契約の性質を有するものであるが、預金契約にもとづいて金融機関の処理すべき事務には委任事務ないし準委任事務の性質を有するものも多く含まれていることを踏まえ、「預金口座の取引経過は、預金契約に基づく金融機関の事務処理を反映したものであるから、その開示を受けることが預金の増減とその原因等について正確に把握するとともに、金融機関の事務処理の適切さについて判断するために必要不可欠であるということができる」として、民法645条（同法656条）を理由に「金融機関は預金契約に基づき預金者の求めに応じて預金口座の取引経過を開示すべき義務を負うと解するのが正当である」としました。

次に、預金者が死亡した場合について「その共同相続人の１人は相続預金の一部を相続するにとどまるが、これとは別に共同相続人全員に帰属する預金契約上の地位に基づき、被相続人名義の預金口座についての取引経過の開示を求める権利を単独で行使できる（民法264条・252条ただし書）というべきであり、他の共同相続人の同意がないことは、上記権利行使を妨げる理由となるものではない」として、共同相続人の１人は、他の共同相続人全員の同意がなくても、共同相続人全員に帰属する地位にもとづき、被相続人名義の預金口座の取引経過の開示を求める権利を単独で行使することができるとしました。

11 預金に対する差押え

重要度 [★★★]　進度チェック☑☑☑

出題【23年10月・問10／23年6月・問8】

差押命令

差押命令は、債務者と第三債務者である銀行の双方に送達され、第三債務者（銀行）に送達された時に効力が生じ（民事執行法145条5項）、差押預金等の弁済を禁止されます。もし、銀行が差押預金等を預金者に支払うと、二重払をしなければならないことになります。

差押えの効力は、送達前に入金された振込金には及びますが、送達後に入金された振込金には及びません。また、差押えの効力は差押後に生じる利息には及びますが、差押前にすでに発生している利息には及びません。

預金を差し押えた差押債権者は、債務者に差押命令が送達された日から1週間を経過したときは、これを取り立てることができますが（同法155条1項）、定期預金が差し押えられた場合は、銀行は満期が到来するまでは、差押債権者の払戻請求に応じる必要はないとされています。

仮差押命令

債務名義を取得するまでの間に債務者が財産を隠匿したり処分をしたりしてしまうと、強制執行の目的物がなくなってしまうため、将来の強制執行を保全するために仮差押えの制度があります。

仮差押命令も、第三債務者である銀行に送達された時に効力が生じ（民事保全法50条5項、民事執行法145条5項）、預金等について預金者への預金等の払戻しが禁止されますが、仮差押命令の債権者には、差押命令とは異なり預金等を取り立てる権限は生じません。

陳述の催告

通常、仮差押命令や差押命令とともに第三債務者である銀行に陳述の催告書が送達され、銀行は、送達日後2週間以内に陳述書を作成して裁判所に提出しなければなりません（民事保全法50条５項、民事執行法147条）。

転付命令

転付命令は、預金等の被差押債権を券面額で差押債務者から差押債権者に移転させる命令で、これにより、その金額の限度で債務者に対する債権も弁済されたものとみなされます（民事執行法160条）。

租税滞納処分による差押え

税金や社会保険料等が滞納されたとき、国税徴収法等にもとづく差押えが行われます。滞納処分による差押えは、第三債務者である銀行に債権差押通知書が送達された時に効力を生じ（国税徴収法62条２項・３項）、銀行は預金者に対する弁済を禁止されます。

民事執行法上の差押えと異なり税務官庁等は債務名義を必要としないで自ら執行でき、差押えと同時に取立権が生じます（同法67条１項）。

（仮）差押えの競合

（仮）差押えの競合とは、複数の債権者が同一の債権を別々に（仮）差押えした結果、各債権者の差押金額が被差押債権の金額を超える状態になることをいいます。

預金等について（仮）差押えの競合が生じたときは、銀行は預金等の全額に相当する金銭を預金債務の履行地の供託所に供託しなければなりません（義務供託。民事執行法156条２項）。

12 預金債権等の情報取得制度

重要度 ［★★☆］　進度チェック ☑☑☑

出題【出題なし】

預金債権の情報取得の必要性

民事訴訟で確定した金銭債務について債務者が任意の支払をしない場合、債権者は、執行裁判所に対して、債権等の財産の差押えを申し立てて強制執行することで、債務者の財産から債務の弁済を受けることができます。

一方で、債権者が債務者の預金債権に関する情報を知っているとは限らず、債権者はこれを知らない限り預金債権への差押えをすることができません。そこで、一定の要件を満たす場合、執行裁判所を通じて預金債権の情報を取得する制度が設けられました。

預金債権の情報取得の内容

執行裁判所は、知れている財産に対する強制執行等によっても金銭債権の完全な弁済を得ることができず、あるいはそうなることについての疎明があった場合（財産開示の実施決定の要件を満たす場合）は、債権者の申立により、銀行に対し、預金債権に対する強制執行または担保権の実行の申立をするのに必要となる事項について情報の提供をすべき旨を命じなければなりません（民事執行法207条１項１号・２項）。この場合の債権者は、執行力のある債務名義の正本を有する金銭債権の債権者や、一般の先取特権を有することを証する文書を提出した債権者を指します。

これにより、金銭債権にかかる判決を有する債権者が、銀行から、預金債権に対する強制執行等が可能になります。

なお、振替機関等には、同様の債権者の申立により、債務者の有する振替社債等に関する強制執行または担保権の実行の申立をするのに必要となる事項について情報の提供をすべき旨を命じることになります（同条１項２号・２項）。

不動産および給与債権にかかる情報取得の内容

同様に、債務名義を有する債権者から申立があった場合、執行裁判所は、登記所に対し、債務者が所有権の登記名義人である土地または建物等に対する強制執行または担保権の実行の申立をするのに必要となる事項について情報の提供をすべき旨を命じなければなりません（民事執行法205条１項）。

扶養義務等にかかる定期金債権や生命・身体の侵害による損害賠償請求権の債権者による給与債権にかかる同種の情報取得も可能とされています（同法206条）。

情報取得の手続

これらの情報取得に関する情報の提供については書面で行うものとされ（民事執行法208条１項）、執行裁判所は、情報の提供がされたときは、申立人にその写しを送付し、かつ、債務者に対し、情報の提供がされた旨を通知することになります（同条２項）。

これらの第三者からの情報取得手続にかかる事件の記録の閲覧等については、申立人や同様の申立を行うことのできる債権者、債務者、情報の提供者しかすることができません（同法209条）。

また、第三者からの情報取得手続にかかる事件に関する情報を取得した債権者は、債権の本旨に従った行使以外の目的のために利用・提供してはなりません（同法210条）。

これらの手続については、強制執行の停止や執行処分の取消等の規定が準用されています（同法211条）。

13 当座勘定取引契約

重要度 ［★★★］　進度チェック☑☑☑

出題【23年10月・問6／22年10月・問6】

当座勘定取引契約の法的性質

当座勘定取引契約の法的性質は、手形・小切手の支払を委託する（準）委任契約と消費寄託契約の混合契約とするのが多数説です。

銀行は委任契約の受任者として善管注意義務を負い、消費寄託契約により預金債務を負います。銀行と取引先との権利義務関係等については、「当座勘定規定」により取り扱われ、当座勘定取引契約は、この規定の承認という形で行われます。

当座勘定の開設時の注意点

当座勘定の開設にあたっては、相手方の権利能力や行為能力、信用状態の調査を行うとともに、銀行取引停止処分を受けていないことを確認する必要があります。

なお、開設時における相手方の信用調査は、手形・小切手の取得者に対する法的義務として行うものではありません。

預金受入

当座勘定へは、現金のほか、手形・小切手その他の証券類でただちに取立できるものを受け入れることができますが（当座勘定規定ひな型１条１項）、証券類については、銀行で取り立てて、不渡返還時限経過後に決済を確認したうえでなければ支払資金としないこと（同規定２条１項）、また受入店を支払場所とする証券類については、受入店でその日のうちに決済を確認したうえでなければ支払資金としないこと（同条２項）が定められています。

当座勘定の支払

当座勘定規定では、小切手が支払のために呈示された場合、または手形が呈示期間内に支払のために呈示された場合に、当座勘定から支払う旨を定めています（当座勘定規定ひな型７条）。

支払の範囲

当座勘定規定では、呈示された手形・小切手等の金額が当座勘定の支払資金を超えるときは銀行は支払義務を負わないこと（当座勘定規定ひな型９条１項）、および手形・小切手の金額の一部支払をしないことを定めていますが（同条２項）、前者については、銀行の裁量で支払資金を超えて手形・小切手の支払をすること（過振り）ができます（同規定11条）。

振出日・受取人記載もれの手形・小切手

手形要件・小切手要件を備えていない手形・小切手が呈示されても呈示の効力は生じませんが、当座勘定規定では、小切手もしくは確定日払手形の振出日または手形の受取人の記載がないものは支払うことができると定めています（当座勘定規定ひな型17条）。

当座勘定取引の解約・終了

当座勘定取引は委任契約の性質を有していることから、銀行、取引先ともいつでも解約することができます（民法651条）。取引先からの解約の通知は書面によることとされています（当座勘定規定ひな型23条１項）。

取引先に信用を欠く事由が発生した場合には、銀行から一方的に解約でき（強制解約）、解約通知が延着したり到達しなかったりしたときは、通常到達すべき時に到達したものとみなされます（同条２項）。

取引先が手形交換所の銀行取引停止処分を受けたときは、銀行が解約の通知を発信した時に解約の効力が発生します。また、取引先の死亡または破産手続開始の場合、取引は当然に終了します（民法653条）。

当座勘定取引が終了した場合、当座勘定規定では、未使用の手形用紙や小切手用紙はただちに銀行に返却するものとされていますが（同規定24条２項）、銀行にはそれらを回収する法的義務はないと解されています。

第2章

融　　資

14 融資取引の相手方

重要度 ［★★★］　進度チェック☑☑☑

出題【23年10月・問11／23年6月・問11】

自然人との融資取引

⑴ 能　力

権利能力とは権利義務の主体となる資格のことをいい、意思能力とは行為の結果を弁識するに足りる精神能力のこと、行為能力とは自ら単独で権利を取得し義務を負担する行為をなしうる能力のことをいいます。

意思能力のない者が行った法律行為は当然に無効となります（民法３条の２）。

⑵ 制限行為能力者

①　未成年者（満18歳に満たない者）

未成年者は単独では法律行為をすることはできず、法定代理人（第一次が親権者、第二次に後見人）の同意または代理が必要です（同法５条）。

②　成年被後見人

成年被後見人とは、精神上の障害により判断能力を欠く常況にある者で、家庭裁判所において後見開始の審判（同法７条・８条）を受けた者をいいます。成年後見人が選任され、財産管理および身上監護に関するすべての法律行為を成年被後見人に代わって行います（同法859条１項）。

③　被保佐人・被補助人

被保佐人・被補助人とは、精神上の障害の程度が成年被後見人より軽い類型の者をいいます（被保佐人がやや障害が重く、被補助人がより軽い）。家庭裁判所の審判で選任された保佐人または補助人が被保佐人または被補助人の行為の同意権と取消権をもちます（同法13条・17条）。

法人との融資取引

⑴ 株式会社の代表機関

各取締役が単独で会社を代表するのが原則ですが、代表取締役その他会社を代表する者を定めた場合はその者が会社を代表します（会社法349条１項・２項）。

取締役会設置会社の場合は、取締役会によって選定された代表取締役が会社を代表します（同法362条３項・363条１項１号）。

指名委員会等設置会社（指名委員会、監査委員会、報酬委員会を置く株式会社）は、取締役会によって選定された代表執行役が会社を代表します（同法420条１項前段・３項・349条４項）。

⑵　持分会社の代表機関

持分会社には、無限責任社員だけからなる合名会社（同法576条２項）、有限責任社員と無限責任社員からなる合資会社（同条３項）、有限責任社員だけからなる合同会社（同条４項）があります。

各社員が単独で会社を代表するのが原則ですが、一部の社員だけを業務執行社員と定めたときは、その者が各自会社を代表します（同法590条１項・599条１項本文・２項）。

ただし、定款または定款の定めにもとづく社員の互選により業務執行社員のなかから代表社員を定めた場合は、代表社員が会社を代表します（同条１項ただし書・３項）。

権利能力なき社団・財団との融資取引

権利能力なき社団とは、社団としての実体を有しているが、法人格のないものをいい、商店会、同好会、PTA、法人化していない区分所有建物の管理組合などが該当します。

権利能力なき財団とは、一定の目的のために捧げられた財産で、法人格のないものをいい、限定承認のなされた相続財産（民法922条～937条）、破産財団（破産法34条）などが該当します。

これらは、独立の存在として権利の主体となり、理事などの代表機関によって代表されることが認められます。また、融資の対象にもなりうるとともに、裁判において当事者にもなりえます。

15 証書貸付

重要度　［★★☆］　　進度チェック☑☑☑

出題【22年6月・問12／19年6月・問12】

基本的性格

証書貸付とは、融資先から借用証書（金銭消費貸借契約証書）を差し入れてもらう貸付で、手形併用証書貸付においては、借用証書のほか、支払確保の手段として債務者振出の手形が銀行に差し入れられます。

金銭消費貸借契約と抵当権設定契約が「抵当権設定金銭消費貸借契約証書」という1つの契約書によって行われることもあります。

証書貸付の成立

証書貸付は、金銭の消費貸借契約であって書面でする消費貸借であるため（民法587条・587条の2第1項）、諾成契約となります。よって、書面による契約の締結によって効力が生じ、金銭の受取り前に破産手続開始の決定を受けるといった事情がなければ（同条3項）、消費貸借契約に特段の記載がない限り、貸主は借主に対して金銭を貸す義務が生じます。

このことから、契約の締結から実際の貸渡しまで一定の期間が想定される証書貸付では、一定の条件を付したり、証書貸付の前の段階に提示される意向表明書では貸付の義務を負わない旨の記載をしたりする等して、貸付の義務が生じないケースを明らかにするのが通常です。

証書貸付債権の譲渡の法的性質

貸金債権の法的性質は、特定人を債権者とする指名債権であると解されており、民法上の債権譲渡の方法（民法467条）により譲渡することができます。

公正証書の利用

銀行の行う証書貸付においては、通常、私署証書が用いられますが、例外的に、融資実行の段階から公正証書（公証人がその権限にもとづいて作成する証書）を用いる場合や、融資実行後に返済方法の変更契約などを行う段階で、私署証書から公正証書に切り替える場合があります。

公正証書に強制執行認諾約款があるときは、これを債務名義（民事執行法22条５号）として簡易迅速に強制執行をすることができます。

返済期限の延長

融資期間中に返済期限を延期すると、新たな返済期限まで期限の利益が債務者に与えられ、当初の返済期限が到来しても、延期した返済期限が到来するまで貸金の返済を請求することはできず、相殺、担保権の実行、強制執行等をすることもできません。

また、消滅時効の起算日も当然延期され、遅延利息は延期した返済期限までは発生しません。なお、返済期限を延期しても、債権の同一性は失われないので、担保・保証に影響を及ぼしません。

16 手形貸付

重要度 ［★★☆］　　進度チェック ☑☑☑

出題【22年10月・問12／21年6月・問13】

基本的性格

手形貸付とは、借用証書の代わりに、融資先から、受取人を銀行とし、額面を貸付金額とする約束手形を差し入れてもらい、貸付日から手形期日までの利息を控除した金額を融資先に交付する形式の貸付です。手形貸付は、比較的短期の運転資金の融資に多用されます。

手形貸付には次のような利点があります。

① 印紙税の負担が軽い

② 手形の不渡処分制度を利用して弁済の促進を図ることができる

③ 手形を再割引に出したり担保に入れることにより資金化することができる

④ 手形訴訟制度（民事訴訟法350条以下）により迅速に債務名義を取得することができる

手形貸付の成立

手形貸付の法的性質は、証書貸付と同様に金銭の消費貸借契約であり、融資時に融資先から、融資先が手形債務者として署名している手形（単名手形）を受け入れます。

手形の満期日の記載は、必ずしも貸付金の返済期日と一致している必要はなく、通常２～３か月のサイトで、貸付金の返済期限まで順次手形の書替を行います。

手形債権と貸付金債権の関係

銀行は、融資先に貸付金債権と手形上の債権を併有し、そのいずれを先に行使するかは、銀行の任意とされています（最判昭和23・10・14民集２巻11号37頁、銀行取引約定書旧ひな型２条）。

預金債務を相殺する場合には、原因債権である貸付金債権を自働債権とすることも手形債権を自働債権とすることも可能です。なお、手形債権を自働債権として相殺する場合には、手形の呈示証券性・受戻証券性から、相殺と同時に手形を交付しなければなりませんが、貸付金債権を自働債権として相殺する場合には、手形の呈示は必要なく、また同時には手形の返還を要しません（銀行取引約定書旧ひな型８条１項)。

手形債権と貸付金債権は、一方が弁済により目的を達して消滅すれば、他方も当然に消滅します。

時効について

手形債権が時効で消滅した場合（主たる債務者に対する消滅時効は満期日より３年－手形法77条１項８号・70条１項）でも、貸付金債権が時効にかかっていなければ貸付金債権の行使は可能ですが、反対に、貸付金債権が時効で消滅した場合には、銀行が手形債権を行使しても、融資先は原因債権が消滅したという人的抗弁を主張して、手形の支払を拒絶することができます。

17 手形割引

重要度 ［★★★］　　進度チェック ☑☑☑

出題【23年10月・問12／23年6月・問13】

基本的性格

手形割引は、支払期日が到来していない商業手形を、額面金額から支払期日までの金利相当額（割引料）を差し引いた金額で銀行が買い取る取引です。割り引かれた手形を割引手形といいます。

商業手形を銀行が買い取ることにより、割引依頼人のみならず手形の発行者等の信用にも依拠して銀行が資金の供与をすることができます。

法的性質

手形割引の法的性質について、判例・通説は売買説をとっており、銀行取引約定書上も、手形割引を手形の売買として取り扱っています。

割引手形の買戻し

手形の割引依頼人は、割引手形の主債務者（約束手形の振出人・為替手形の引受人）が満期に手形を支払わなかったときには、以下の責任を負います。

① 契約上の（債権の売主の）担保責任（民法569条２項）

② 手形裏書人としての遡求義務

しかし、これらを補完するため、割引手形が不渡りになった場合や、割引依頼人あるいは割引手形の主債務者に信用不安が生じた場合には、割引手形を買い戻してもらうことができるよう、銀行取引約定書は、手形の買戻しを整備して明文化しています。

銀行は、手形が不渡りになった場合、割引依頼人に対して手形の買戻しを求めることも、手形法上の遡求権を、割引依頼人、発行者、その他裏書人に行使することもできます。

割引手形の買戻事由と買い戻す手形の範囲

以下の事由が発生したときは、割引依頼人に買戻義務が発生します。

① 割引依頼人について銀行取引約定書旧ひな型5条1項各号の期限の利益の当然喪失事由が1つでも生じたとき（銀行取引約定書旧ひな型6条1項）：すべての割引手形

② 割引手形の主債務者が、満期に手形を支払わない、あるいは満期が到来していなくても、割引手形の主債務者に同約定書5条1項各号の期限の利益の当然喪失事由が1つでも生じたとき（同約定書同条同項）：その者が主債務者となっている割引手形すべて

③ 上記以外の場合で債権保全を必要とする相当の事由が生じたとき（銀行の請求によって手形面記載の金額の買戻債務を負担）（請求喪失発生事由）（同約定書同条2項）

買戻請求権と時効

銀行は、割引手形の振出人や裏書人に対する手形債権が時効消滅した場合でも、時効の完成猶予の措置を講じなかったことについて銀行に帰責事由のない限り、割引依頼人に対し買戻請求権を行使することができると判例上解されています。

差し押えられた預金と買戻請求権との相殺

預金に差押えがあった場合、銀行は差押後に取得した貸付金債権を自働債権として相殺することができません（民法511条1項。最判昭和45・6・24民集24巻6号587頁）。

しかし、買戻請求権は差押命令が発送された時、すなわち差押えの効力が発生する（差押命令は第三債務者である銀行に送達された時点で効力が発生する）前に発生することになるので（銀行取引約定書旧ひな型6条1項・5条1項3号）、当該買戻請求権と預金との相殺は可能です。

18

当座貸越

重要度 ［★★★］　　進度チェック☑☑☑

出題【22年6月・問13／21年10月・問13】

基本的性格

当座貸越とは、当座勘定取引に付随して締結した約定にもとづいて、融資先が当座預金の支払資金を超えて振り出しまたは引き受けた手形・小切手をあらかじめ定められた一定金額まで銀行が立替払する取引です。

当座貸越と過振り

過振りとは、当座勘定取引においては、呈示された手形・小切手の金額が当座勘定の支払資金を超える場合には、銀行がその裁量により当座勘定の支払資金を超えて手形・小切手の支払をすることです。

一方、当座貸越契約が成立すると、銀行は極度額まで貸越を行う義務を負うこととなります。しかし、貸越極度額を超えてその裁量によって貸越（過振り）を行った場合には、取引の継続中であってもただちに取引先に対し弁済の請求を行うことができます（当座勘定貸越約定書1条2項）。

なお、取引先から当座勘定に受け入れた手形・小切手や、取引先がその当座勘定へ振り込むために僚店で受け入れた手形・小切手は、貸越金がある場合には、その譲渡担保となります（同約定書4条）。

当座貸越の法的性質

当座貸越の法的性質については、委任説等諸説ありますが、いずれの説によっても、融資取引によって発生した債権であるため、銀行取引約定書の与信取引に関する共通条項が、その性質に反しない限り適用されます（当座勘定貸越約定書前文、銀行取引約定書旧ひな型1条1項）。

即時支払、減額、中止、解約

当座勘定貸越約定書5条において、貸越取引の継続中に当座貸越債権の返済を請求できる場合として、銀行取引約定書旧ひな型５条の期限の利益の喪失事由と同じ内容を原因とした即時支払の特約が定められています。

また、金融情勢の変化、債権の保全その他相当の事由があるときは、銀行はいつでも極度額の減額、貸越の中止、契約の解約ができます（当座勘定貸越約定書６条１項）。

19 保　証

重要度［★★☆］　進度チェック☑☑☑

出題【23年10月・問14／22年6月・問17】

保証の意義

保証とは、保証人が主債務者と同一内容の債務を負担し、主債務者が債務の履行をしない場合に、主債務者に代わって債務を履行することによって主債務の履行の確保をはかる制度です。

保証の性質

⑴　付従性

付従性とは、主債務とその成立、内容および消滅について運命をともにするという性質で、具体的には以下のとおりです。

①　主債務が存在しなければ、保証債務も存在しない（成立における付従性）

②　主債務の変更に応じて、その内容が変更される（変更における付従性）

③　主債務が消滅するときは、保証債務も当然に消滅する（消滅における付従性）

④　その範囲および態様において主たる債務より重いものであってはならない（民法448条）

⑤　保証人は、主債務者の抗弁権を援用することができる

⑵　随伴性

随伴性とは、主債務が移転するときは、保証債務はこれに伴って移転するという性質です。

⑶　補充性

保証債務は主債務が履行されない場合に、二次的に履行されるべき債務です（補充性、同法446条１項）。この補充性から、保証人には、次の２つの抗弁権が認められています。

① **催告の抗弁権**

催告の抗弁権とは、債権者が保証人に債務の履行を請求した場合、まず主債務者に支払の催告をするように請求することができる権利です（同法452条本文）。

② **検索の抗弁権**

検索の抗弁権とは、債権者が主債務者に催告をした後でも、主債務者に弁済の資力があり、かつその財産に対する執行が容易であることを証明すれば、まず主たる債務者の財産に強制執行をするよう請求することができる権利です（同法453条）

保証契約の成立

保証契約は要式行為であり、書面（電磁的記録による場合を含む）によらなければ効力を生じません（民法446条２項・３項）。

債務者と保証人との間の保証委託契約が無効でも、保証契約にはなんら影響を及ぼさないばかりか、たとえ主債務者の意思に反する場合でも、銀行と保証人との間の保証契約は有効に成立します（同法462条２項）。

保証意思の確認

保証契約を締結する際には、必ず保証人に対し、保証意思の確認を行わなければなりません。これを怠ったため保証人から保証契約の成立を争われたときは、表見代理の規定（民法109条・110条・112条）によっても救済は難しいといえます。

20 連帯保証

重要度 ［★★★］ 進度チェック ☑☑☑

出題【22年10月・問13／21年10月・問14】

連帯保証の意義

保証人が主債務者と連帯して債務を負担する保証を連帯保証といいます。連帯保証は、保証債務の一種ですから付従性・随伴性を有しますが、主債務者と連帯して債務を負担する結果として、補充性を有しません。

なお、銀行取引における保証は、ほとんどが連帯保証となっています。

連帯保証の成立

連帯保証は、保証人が主債務者と連帯して保証することを保証契約において特約した場合に成立します。

主債務が主債務者の商行為によって生じたとき、または、保証契約自体が商行為であるときは、その保証債務は特約がなくても連帯保証となります（商法511条２項）。したがって、このような場合に該当するときの連帯保証である旨の特約は、念のためのものにすぎません。

なお、連帯保証も付従性を有していますから、主債務がはじめから無効であるか、または取り消されたときは、連帯保証債務も成立しません。

連帯保証の特色

⑴ 催告・検索の抗弁権がない

連帯保証人には、催告・検索の両抗弁権がないので（民法454条）、主債務の期限が到来するか、主債務者が期限の利益を喪失すれば、債権者はただちに連帯保証人に対し請求することができます。

⑵ 分別の利益がない

連帯保証人が数人いても、分別の利益（同一の主債務について保証人が数人いる場合に単純保証人は主債務の額を平等の割合で分割した額についてしか保証債務を負わないこと（同法456条）は認められず、債権者に対する関係では、各自が全額履行の責任を負います。

ただし、連帯保証人相互間では負担部分だけの返済義務しか負わないので、連帯保証人の1人が債務の全額または自己の負担部分を超える額を返済した場合には、他の連帯保証人に対して求償することができます（同法465条1項・442条）。

21 事業にかかる債務の保証

重要度 ［★★☆］　進度チェック ☑☑☑

出題【出題なし】

公正証書の作成義務

事業にかかる債務の保証契約については、保証人になろうとする保証人予定者が法人である場合や、いわゆる経営者保証の場合を除き（民法465条の6第3項・465条の8第2項・465条の9）、保証人予定者が、契約締結前1か月以内に作成された公正証書で保証債務を履行する意思表示をしていなければ、効力を生じません（同法465条の6第1項・465条の8）。

具体的には、①事業目的で負担した貸金等債務を主債務とする保証契約、②主債務の範囲に事業目的で負担する貸金等債務が含まれる根保証契約、③上記①・②の各契約の保証人から主債務者に対する求償権にかかる債務を主債務とする保証契約・根保証契約（いわゆる保証会社宛保証）の場合に公正証書の作成が必要になります。

貸金等債務とは、金銭の貸渡しまたは手形の割引を受けることによって負担する債務のことをいいます。

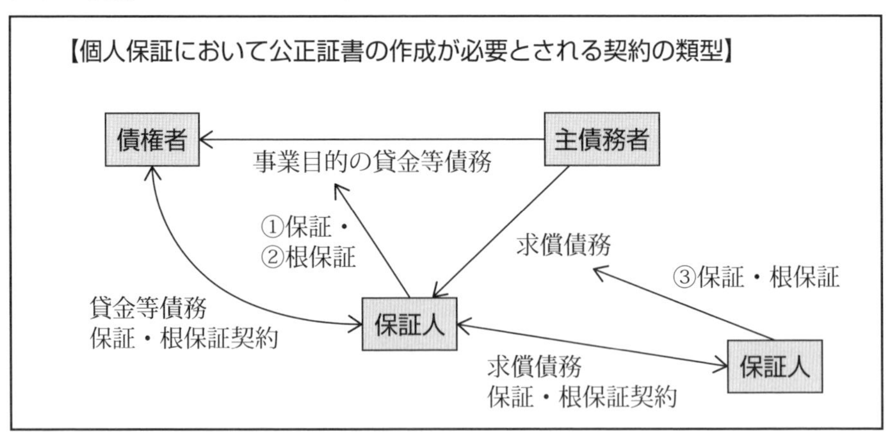

個人保証における公正証書作成義務の例外

個人保証における公正証書作成については、保証人予定者が以下の者である保証契約については、適用しないものとされています（民法465条の９）。

⑴　主債務者が法人の場合

①　理事、取締役、執行役またはこれらに準ずる者

②　総株主の議決権（議決権を有しない株式をを除く、以下同様）の過半数を有する者

③　主債務者の総株主の議決権の過半数を他の株式会社が有する場合、当該他の株式会社の総株主の議決権の過半数を有する者

④　主債務者の総株主の議決権の過半数を、他の株式会社および当該他の株式会社の総株主の議決権の過半数を有する者が有する場合、当該他の株式会社の総株主の議決権の過半数を有する者

⑤　②～④に準ずる者

⑵　主債務者が法人以外の場合

⑥　共同事業者

⑦　主債務者が行う事業に現に従事している配偶者

また、株式会社以外の法人における総社員の議決権の過半数を有する者については、⑤の②～④に準ずる者に含まれることになります。

公正証書の作成手続

公正証書作成の対象となる場合、以下の手順で公正証書を作成し、保証人予定者の保証の意思表示をする必要があります（民法465条の６第２項）。公正証書とは、公証人がその権限において作成する公文書のことをいいます。

	手続者	手続の内容
①	保証人予定者	・一定の事項を公証人に口授

↓

②	公証人	・保証人予定者の口述を筆記 ・保証人予定者に読み聞かせ、または閲覧させる

↓

③	保証人予定者	・筆記の正確性を承認 ・署名・押印 ・保証人予定者が署名不可の場合、公証人がその事由を付記

④	公証人	・①〜③の方式に従って作ったものである旨を付記 ・署名・押印

ここで、①の一定の事項とは以下の内容になります（民法465条の６第２項１号イ・ロ）。

◆個別保証契約の場合

・債権者、主債務者、主債務の元本
・利息・違約金・損害賠償その他その債務に従たるすべてのものの定めの有無・内容
・主債務者が債務を履行しないときには債務の全額を履行する意思を有していること

◆個別連帯保証契約の場合

・債権者、主債務者、主債務の元本
・利息、違約金、損害賠償その他その債務に従たるすべてのものの定めの有無・内容
・主債務者が債務を履行しないときには、債権者による主債務者への催告の有無、主債務者の履行可能性、他の保証人の有無にかかわらず、債務の全額を履行する意思を有していること

◆根保証契約の場合

・債権者、主債務者、主債務の範囲、極度額、元本確定期日の定めの有無・内容
・主債務者が債務を履行しないときには極度額の限度で元本確定期日または元本確定事由発生時までに生ずべき主債務の元本・利息・違約金・損害賠償その他その債務に従たるすべてのものの全額を履行する意思

◆連帯根保証契約の場合
・債権者、主債務者、主債務の範囲、極度額、元本確定期日の定めの有無・内容 ・主債務者が債務を履行しないときには、債権者による主債務者への催告の有無、主債務者の履行可能性、他の保証人の有無にかかわらず、極度額の限度で元本確定期日または元本確定事由発生時までに生ずべき主債務の元本・利息・違約金・損害賠償その他その債務に従たるすべてのものの全額を履行する意思を有していること

なお、保証人予定者の発語や聴取に不自由がある場合は、概ね以下の対応をとったうえで、その旨を公正証書に付記することになります（同法465条の7）。

◆発語が不自由な場合（口がきけない場合）
口授に代えて、公証人および証人の前で、各事項について通訳人の通訳により申述し、または自書する。

◆聴取が不自由な場合（耳が聞こえない場合）
読み聞かせに代えて、筆記した内容を通訳人の通訳により保証人予定者に伝える。

22

保証人への情報提供義務

重要度 ［★★☆］　進度チェック☑☑☑

出題【出題なし】

契約締結時の情報提供義務

主債務者は、事業目的の債務を主債務とする保証、主債務の範囲に事業目的の債務が含まれる根保証の委託をするときは、保証受託者に対し、以下の事項に関する情報を提供しなければなりません（民法465条の10第１項）。

① 財産および収支の状況

② 主債務以外に負担している債務の有無・額・履行状況

③ 主債務の担保として他に提供し、または提供しようとするものがあるときは、その旨・内容

この情報提供義務については保証人予定者が法人である場合には適用しないものとされていますが（同条３項）、取締役・支配株主・共同事業者・配偶者等に対する例外は設けられておらず、これらの者が保証人になる場合にも情報提供の必要があります。

また、貸金等債務を対象とする保証・根保証にも限定されておらず、たとえば、支払承諾の求償債務やデリバティブ取引の損害金についての主債務者（保証委託者）・保証人（保証受託者）に対しても適用されます。

保証契約の取り消し

主債務者が必要事項についての情報を提供せず、または事実と異なる情報を提供したために保証受託者が当該事項について誤認をし、それによって保証の意思表示をした場合において、主債務者が情報を提供せず、または事実と異なる情報を提供したことを債権者が知りまたは知ることができたときには、保証人は、保証契約を取り消すことができます（民法465条の10第２項）。

よって、情報提供義務を負うのはあくまで主債務者ではあるものの、債権者である銀行としても、主債務者による情報提供義務の履行状況を確認することが必要となります。

23 個人貸金等根保証契約

重要度 ［★★★］　進度チェック ☑☑☑

出題【23年6月・問15／22年6月・問19】

意　義

「個人貸金等根保証契約」とは、根保証契約のうち保証人が法人でないものであって、被保証債務の範囲に「金銭の貸渡しまたは手形の取引を受けることによって負担する債務」（貸金等債務）が含まれるものをいいます（民法465条の３）。個人貸金等根保証契約を含め、根保証契約のうち保証人が法人でないものを、個人根保証契約といいます（同法465条の２）。

極度額

個人根保証契約は、契約締結時に極度額を定めなければ無効となります（民法465条の２第２項）。なお、極度額は、書面（電磁的記録を含む）で定めなければならず、書面によらない場合は無効となります（同条３項・446条２項・３項）。

極度額は、具体的な金額を定めなければなりません。また、主たる債務の元本のほか、その利息、損害金等すべての債務を含むものとして定める必要があります（債権極度額）。

元本確定期日

⑴　効　果

元本確定期日が到来すると被保証債務がその時点の元本に特定されます（その後の貸出は保証の対象にならない）。

⑵　元本確定期日の定まり方

①　元本確定期日を定める場合

個人貸金等根保証契約において、元本確定期日を定める場合、確定期日を契約日から５年以内とする必要があります。５年より後の日に定めてもその定めに効力はありません（民法465条の３第１項）。

②　元本確定期日を定めない場合

個人貸金等根保証契約において、元本確定期日を定めなかった場合、契約日から３年を経過する日が元本確定期日となります（同条２項）。なお、契約日から５年を超える元本確定期日を定めた場合には、元本確定期日の定めがないことになるので、契約日から３年を経過する日が元本確定期日となります。

⑶　元本確定期日の変更

元本確定期日は当事者の合意で変更できます。この場合、変更後の元本確定期日を変更日から５年以内としなければなりません（ただし、元本確定期日の前２か月以内に元本確定期日の変更をする場合において、変更後の元本確定期日が変更前の元本確定期日から５年以内の日となる場合を除く）（同条３項）。

５年を経過する日より後の日を元本確定期日とする変更は、効力を生じません。

元本確定事由

次の事由が生じた場合、個人根保証契約については、元本確定期日の前でも元本は確定します（民法465条の４第１項）。

①　保証人が、債権者から強制執行または担保権の実行を申し立てられたとき

②　保証人が、破産手続開始の決定を受けたとき

③　主債務者または保証人が、死亡したとき

また、個人貸金等根保証契約については、以下の事由が生じた場合にも、元本確定期日前に元本が確定します（同条２項）。

④　主債務者が、債権者から強制執行または担保権の実行を申し立てられたとき

⑤　主債務者が、破産手続開始の決定を受けたとき

上記事由に反する合意は無効とされます。なお、当事者がこれら以外の事由を元本確定事由として定めることは差し支えありません。

保証人が法人である貸金等債務の根保証契約の求償権保証

保証人が法人である貸金等債務の根保証において（例：信用保証協会の根保証）、極度額の定めがない、元本確定期日の定めがない等の事由がある場合、その保証人の主たる債務者に対する求償権についての保証契約（保証人が法人であるものを除く）は効力を生じません（民法465条の５）。

24 主債務の変動と保証債務

重要度 ［★★☆］　進度チェック☑☑☑

出題【13年10月・問25／12年6月・問29】

保証債務の付従性

⑴ 成立における付従性

保証債務は、主債務が有効に成立しなければ、有効に成立しません。主たる債務が条件付債務または将来の債務でも保証は成立しますが、この場合には保証も条件付または将来の債務になります。

なお、主債務が行為能力の制限により取り消される可能性があることを知りながら、これを保証したときは、保証人は、主債務と同一の目的を有する独立の債務を負担したものと推定されます。

⑵ 消滅における付従性

主債務が弁済、時効、免除、取消し、解除によって消滅すれば、保証債務も当然に消滅します。

ただし、主債務者が破産手続により免責された場合であっても、保証債務に影響を及ぼしません。本来、保証はこのような場合に弁済を受けられるように備えるためのものであるからです。

なお、主債務者が死亡しても、当該債務は相続人に承継され消滅するわけではないので、保証債務は消滅しません。

⑶ 内容の付従性

主債務の内容が変更した場合、保証債務も変更するのが原則です。ただし、保証債務は、その範囲および態様において、主たる債務より重くなることはありません（民法448条）。

主債務を従前より軽いものに変更すれば、保証債務もそれにあわせて軽くなります。たとえば、主たる債務の弁済期を延長した場合、その効力は保証人に及び、保証債務の弁済期も延長されます。しかし、保証人の同意なく、保証契約時よりも重い債務を保証人に負担させることはできないので、主債務を従前より重いものに変更しても、当然には保証債務には影響しません。

たとえば、債権者と主債務者との合意によって弁済期を短縮しても、その効力は当然には保証人に及びません。

⑷　その他の付従性の効果

主債務について生じた事由は、原則として、保証債務にも影響を及ぼします。

主債務者に対し時効の完成猶予および更新事由が生じた場合、保証債務についてもその効力が生じます（同法457条１項）。

保証人は、主債務者が有する抗弁権を援用することができます（同条２項）。たとえば、主債務者が債権者に反対債権をもって相殺できる場合、保証人も相殺を主張することができます。

保証付債権を譲渡した場合に、主債務者に対して通知すれば、保証債務についても対抗要件が備わったことになります。

保証債務の随伴性

主債務に対する債権が第三者に移転するときは、保証債務もそれとともに第三者に移転します。これを保証債務の随伴性といいます。

なお、主債務につき、免責的債務引受がなされ主債務者が変動したときは、保証人に事実上の不利益を及ぼすおそれがあるので、保証人の同意がない場合には随伴しません（保証債務は消滅する）。

25 信用保証協会の保証

重要度 ［★★☆］　進度チェック☑☑☑

出題【22年6月・問18／21年10月・問16】

概　要

保証協会の保証は、民法上の保証（連帯保証）と解されており、保証協会は中小企業者の委託にもとづき、その債務を連帯保証します。

債務者が協会保証の対象である債務を履行しない場合、保証協会が保証人として銀行に弁済を行います（代位弁済）。その結果、保証協会は、債務者に対する求償権を取得します。

協会保証の形態

代表的なものとして、①貸付個別保証、②貸付根保証、③手形割引個別保証、④手形割引根保証、⑤当座貸越保証、⑥代理貸付の保証、⑦特定社債保証があります。

協会保証の成立

協会保証では、協会が金融機関に信用保証書を交付した時に保証契約が成立します。そして、保証契約の効力は、原則として貸出実行時に生じます。

信用保証書発行の日から30日以内に融資が実行されなければ、原則として保証は無効となります（特別の事情があるときは、60日（各協会によって異なる）まで延長が可能）。

信用保証付融資の管理

銀行は、約定書の特約により、協会に対し融資金の管理責任を負い、被保証債権の保全に必要な注意をなすことが求められています。

また、債務が履行されない場合、銀行は、協会が保証していない債権の取立と同じ方法で債権の取立を行わなければなりません。

さらに、協会保証では、銀行の担保保存義務が免除されていません。

代位弁済請求の手続

協会保証では、代位弁済に関して、約定書に次のような規定をおいています（以下、東京信用保証協会の例）。

① 冷却期間：協会は、債務者が最終履行期限（期限の利益喪失の日を含む）後60日を経てなお被保証債務を履行しなかったときに保証債務を履行する

② 延滞利息の足切り：保証債務の履行の範囲は、主たる債務に利息および最終履行期限後60日以内の延滞利息を加えた額を限度とする（延滞利息の利率は融資の約定利率と同率）

③ 除斥期間：銀行は、最終履行期限後２年を経過した後は、協会に対し保証債務の履行を請求することができない

免　責

以下のような条件違反や契約違反がある場合には、協会は保証履行を免責されます。

① 貸出金をもって既存の貸出（保証付貸出を含む）の弁済に充当したとき（旧債振替）

② 信用保証書に記載された内容と異なった貸出を行ったとき

③ 銀行の故意・重過失により、保証付債権の全部または一部が回収不能となったとき

26 抵当権

重要度　[★★☆]　　進度チェック☑☑☑

出題【23 年 6 月・問 18 ／ 22 年 6 月・問 21】

概　要

抵当権は、債務者または第三者が有する不動産などを、その占有を移さずに債務の担保に供させることを目的とする担保物権です。その主なポイントは、①原則として不動産を目的とする、②当事者間の契約によって生じる、③抵当権設定者に目的物件の使用・収益を認める、ということです。

抵当権は、当事者の契約によって成立し、登記は第三者対抗要件にすぎません。

既発生債権のみならず、将来発生する債権を担保するために、抵当権を設定することも可能です。

優先弁済権の範囲は、後順位抵当権者の保護のため、元本と最後の２年分の利息・損害金に限られています。

抵当権の性質

① 被担保債権が無効等により発生しなければ抵当権も発生せず、被担保債権が弁済等により消滅すれば抵当権も消滅します（付従性）。

② 被担保債権が他に譲渡されると抵当権も被担保債権とともに当然に移転します（随伴性）。

複数の抵当権等の優劣

同一の不動産に数個の抵当権が設定された場合、その順位は、登記の先後によります。なお、抵当不動産に滞納処分による差押えがあった場合、租税との優劣は、抵当権の設定登記日と租税の法定納期限等の先後によって決せられます。

抵当権の目的物

抵当権の目的物は、民法上、土地、建物、地上権、永小作権です。このほか、特別法において認められているものは、自動車、船舶、建設機械、工場財団、鉄道財団、鉱業財団等です。

抵当権は、同一の債権を担保するために、複数の不動産の上に設定することができます（共同抵当）。抵当権が設定されている土地が分筆された場合には、抵当権は分筆後の土地の上に存続することとなります。

他方、同一の債権者が有する数個の債権について、１個の抵当権を設定することも可能です。

抵当権の効力の及ぶ範囲

⑴　付加一体物

抵当権の効力は、その目的物である不動産に付加して一体となっているもの（付加一体物）に及びます。

不動産の付合物（例：土地の石垣など）は、付加一体物に含まれるとされています。

⑵　従　物

抵当権は、設定時に存在した従物にも及びます（抵当権設定後の従物については肯定する見解が有力）。

借地上建物に設定した抵当権の効力は借地権にも及びます（最判昭和40・５・４民集19巻４号811頁）。

⑶　果　実

抵当権の効力は、原則として、抵当不動産の果実には及びませんが、債務不履行後の果実には及びます。

27 根抵当権

重要度［★★☆］　進度チェック☑☑☑

出題【23年6月・問19／20年10月・問19】

意　義

根抵当権とは、一定の範囲に属する不特定の債権を極度額の限度で担保するために設定される抵当権です。確定前の根抵当権には、付従性・随伴性が認められません。

根抵当権の設定方法

⑴　被担保債権の範囲

被担保債権は、「債務者との特定の継続的取引契約によって生ずるものその他一定の種類の取引によって生ずるもの」、「特定の原因にもとづいて継続して生じる債権」、「手形上または小切手上の請求権」です。

銀行取引においては、「銀行取引による一切の債権」（根抵当債務者に対する保証債権も含まれる）、「手形債権・小切手債権」として定めるのが一般的です。

⑵　極度額

根抵当権を設定する場合、極度額を定めなければなりません。極度額を限度として確定した元本および利息・損害金の全部について優先弁済を受けることができます（債権極度額）。

⑶　債務者

債務者は複数でもよく、このような根抵当権を「共用根抵当権」といいます。

⑷　元本確定期日

元本確定期日を定めるかは当事者の自由であり、根抵当権設定の要件ではありません（銀行取引では定めないのが一般的）。

根抵当権の転抵当・譲渡

⑴　転根抵当

根抵当権は、転抵当の目的とすることができます（転根抵当）。この場合、転根抵当権者は、根抵当権者が最終的に有する優先弁済的効力を享受することができます。

⑵　全部譲渡

根抵当権の全部譲渡とは、その被担保債権と切り離して、根抵当権そのものを第三者に絶対的に移転することをいいます。その要件等については、①元本の確定前でなければならず、②譲渡人と譲受人の合意および根抵当権設定者の承諾が必要であり、③第三者に対抗するためには登記が必要ですが、④後順位抵当権者の承諾は不要です。

⑶　分割譲渡

根抵当権の分割譲渡とは、１個の根抵当権を２個の根抵当権に分割して、そのうちの１つを他に譲渡することをいいます。要件等は全部譲渡の①～④と同じです。

⑷　一部譲渡

根抵当権の一部譲渡とは、根抵当権の共有状態を作出して、譲渡人と譲受人がともに根抵当権者としてその利益を受けることができるようにするものです。要件等は全部譲渡の①～④と同じです。

⑸　共同根抵当権の全部譲渡・分割譲渡・一部譲渡

共同根抵当権の全部譲渡、分割譲渡または一部譲渡は、その根抵当権が設定されているすべての不動産について登記をしなければ、全部についてその効力が生じません。

28 根抵当権の変更

重要度 ［★☆☆］　　進度チェック ☑☑☑

出題【17年10月・問24／13年10月・問35】

根抵当権設定契約で定めた内容（被担保債権の範囲、債務者、極度額、元本確定期日）は、合意により変更することができます。ただし、変更できる時期に制限があったり、利害関係者の承諾が必要であったりするる場合があります。

なお、根抵当権設定者と債務者が異なる場合であっても、変更について債務者の承諾を必要としません。

被担保債権の範囲の変更

被担保債権の範囲の変更は、根抵当権の確定前に限って認められます（民法398条の４第１項）。その変更については後順位抵当権者等の承諾は不要です（同条２項）。

変更の態様としては、被担保債権の特定基準を追加したり（追加的変更）、まったく別の基準に変更したり（交換的変更）、被担保債権の一部を範囲から外れるように基準を変更したりする（削除的変更）など、自由に行うことが可能です。

被担保債権の範囲を変更する場合、元本確定前に登記しなければ効力を生じません。

債務者の変更

債務者の変更も、根抵当権の確定前に限って認められ、その変更については後順位抵当権者等の承諾は不要です（民法398条の４第１項・２項）。

変更の態様としては、交換的変更（債務者をＡからＢに変更する）、追加的変更（債務者Ａに加え、さらに債務者としてＢを追加する）、削除的変更（債務者Ａ、Ｂのうち、Ａの債務を根抵当権の範囲からはずす）があります。

債務者を変更したときも、元本確定前に登記しなければ効力を生じません。

極度額の変更

極度額の変更は、根抵当権の確定の前後を通じて認められます。ただし、極度額を変更するためには、後順位抵当権者その他の利害関係人の承諾を得なければなりません（民法398条の５）。

承諾を要する利害関係人とは、増額の場合には、後順位抵当権者、不動産の差押債権者等であり、減額の場合には、減額をする根抵当権についての転抵当権者、被担保債権の差押債権者、質権者などがあげられます。

元本確定期日の変更

元本確定期日の定めは、根抵当権の確定前であれば、これを変更し、または廃止することができます（民法398条の６第１項）。この場合、後順位抵当権者その他の第三者の承諾を必要としません（同条２項）。ただし、変更後の確定期日は、その変更をした日から５年以内であることが必要です（同条３項）。

元本確定期日を変更した場合、変更前の確定期日より前に変更の登記をすることが必要です。登記しないと、根抵当権は変更前の元本確定期日に確定します。

根抵当権の元本の確定

重要度　[★★★]　　進度チェック☑☑☑

出題【23年10月・問17／22年6月・問22】

確定の意義・効果

根抵当権は、不特定の債権を担保するために設定されるものですが、元本の確定により、被担保債権が、確定時に存在する元本と利息・損害金等に特定されます（確定後に生じた債権は担保されない）。

確定後は、付従性や随伴性が認められるようになり、債務者が被担保債権を全額弁済すると根抵当権は消滅します。

また、確定後は抵当権の処分（抵当権もしくはその順位の譲渡または放棄）が認められるようになります。

確定事由

次の事由が生じたときは根抵当権の元本が確定します（【　】内の時点で確定）。

① 確定期日を定めたとき【確定期日の到来時】

② 根抵当権者または債務者の相続が開始したとき（6か月以内に相続関係の承継の合意とその登記がなされないときに限る）【相続開始時】

③ 根抵当権者または債務者の合併を理由に根抵当権設定者が確定請求したとき（合併があったことを知った日から2週間以内または合併の日から1か月以内に請求した場合に限る）【合併時】

④ 根抵当権者または債務者の会社分割を理由に、根抵当権設定者が確定請求したとき（分割があったことを知った日から2週間以内または分割の日から1か月以内に限る）【分割時】

⑤ 根抵当権設定後3年経過して根抵当権設定者が確定請求したとき（確定期日の定めがない場合）【確定請求から2週間が経過した時】

⑥ 根抵当権者が確定請求したとき（確定期日の定めがない場合）【確定請求時】

⑦　根抵当権者が競売、担保不動産収益執行または物上代位による差押えを申し立てたとき（その後、競売等が開始し、または差押えがあった場合）【申立時】

⑧　根抵当権者が滞納処分による差押えをしたとき【差押時】

⑨　第三者が抵当不動産について競売手続の開始または滞納処分による差押えをしたとき【抵当権者がそれを知ってから２週間が経過時】

⑩　債務者または根抵当権設定者が破産手続開始決定を受けたとき【開始決定時】

⑪　民事再生手続または会社更生手続において担保権消滅請求の許可決定があったとき【根抵当権者がその送達を受けてから２週間を経過した時】

なお、⑨～⑪の事由によりいったん元本が確定した場合でも、その後、それぞれの手続が効力を失えば、確定の効力も生じなかったものとみなされます。ただし、確定を前提として根抵当権またはこれを目的とする権利を取得した者があるときは、確定の効力はそのまま存続します。

共同根抵当権の確定

共同根抵当権については、その一部の不動産についてのみ確定事由が生じた場合でも、共同根抵当のすべてが確定します。

確定後の根抵当権の法律関係

確定後の根抵当権は、確定時に存在する元本および利息・損害金、ならびにその元本債権から確定後に発生する利息・損害金を、極度額を限度として担保します。

ただし、根抵当権設定者などの利益を考慮して、根抵当権の減額請求、根抵当権の消滅請求が認められています。

30 預金担保

重要度 ［★★☆］　進度チェック ☑☑☑

出題【23年6月・問17／22年10月・問15】

担保設定の方法

預金に担保を設定する場合、実務上、質権設定の方法により設定しています（譲渡担保の方法によると、混同により預金が消滅するという見解があり、この方法はあまり採用されない）。

質権設定の方法は、質権設定者から担保差入証を徴求するだけでよく、預金通帳や証書の引渡しは必要ありません。

なお、他行預金に質権を設定する場合、預金には譲渡・質入禁止の特約があるため、第三債務者（預金がある銀行）の承諾が必要です。

真の預金者が別にいた場合

定期預金を担保に預金名義人に貸出を行った後、真の預金者が出現した場合、受領権者としての外観を有する者に対する弁済の規定（民法478条）を類推適用し、金融機関が、担保預金と貸出金との相殺をもって、真の預金者に対抗できるものとされています（最判昭和48・３・27金融・商事判例360号２頁）。

この場合、貸出先が真の預金者であると誤信したことについて、金融機関として相当の注意を尽くしたことが必要ですが、その判断の基準時は、相殺時ではなく、預金担保貸出の実行時となります（最判昭和59・２・23金融・商事判例691号３頁）。

対抗要件

自行預金を担保にとるときは、第三債務者と質権者はいずれも自行ですから、第三債務者に対する対抗要件の問題は生じません。

しかし、第三者（例：差押債権者）に質権を対抗するためには、担保差入証に確定日付をとることが必要です（確定日付のある通知・承諾）。ただし、実務上、自行預金を担保にとる場合には、確定日付を省略しています。

その理由は、質権を第三者に対抗できないとしても、自行預金と貸金とを相殺することによって差押債権者に優先して債権を回収できるからです（最判昭和45・6・24金融・商事判例215号2頁）。

なお、債務者以外の第三者の預金を担保とした場合、そのままでは相殺できないため、当該第三者に連帯保証をさせ、保証債権により相殺できるようにしておくのが一般的です。

質権の効力の及ぶ範囲

⑴　質権設定後の利息等

担保預金に対する質権の効力は、預金元本のほか、質権設定後の利息にも及びます。

⑵　質権設定後の積立預金

積立定期預金に質権を設定した場合、特約がなければ、質権の効力は質権設定後の積立金にも及ぶと解されています。

定期積金の場合も、将来の掛金を含め、満期給付金などの返戻金全額に及ぶと解されています。

⑶　担保定期預金の書替があった場合

新旧定期預金の間に実質的同一性があると認められるときは、旧定期預金の上の質権の効力が書替後の定期預金に及びます（最判昭和40・10・7金融・商事判例529号194頁）。

31 代理受領・振込指定

重要度 ［★★☆］　進度チェック☑☑☑

出題【19年10月・問15／17年10月・問23】

概　要

⑴ 代理受領

代理受領とは、債務者が第三者（第三債務者）に対して有する代金債権について、債権者が債務者から取立および受領権限の委任を受けておき、支払期日が到来したときに債権者が債務者の代理人として第三債務者からその支払を受け、受領した代金を債権の返済に充当する仕組みのことです。債権者は代理受領した代金の返還債務と債務者に対する債権とを相殺することにより、回収を図ることができます。

代理受領においては、通常、債権者と債務者との間で、①担保の目的のため代理受領の方法がとられること、②債務者は直接取立をしないこと、③債務者は債権者の承諾なしに代金取立・受領の委任を解除しないこと、④債務者は債権者以外の第三者に対してさらに取立・受領を委任しないことについて合意し、第三債務者から上記合意内容について承諾を得ることが行われます。

⑵ 振込指定

振込指定は、融資先が第三債務者に対して有する代金債権の支払方法を、自行にある融資先の預金口座への振込に限定し、この振込金によって貸付金の回収をはかる方式です。

代理受領・振込指定の効力

第三債務者が担保目的で代理受領がされたことを知りつつ代理受領を承認したにもかかわらず直接債務者に支払った場合、それによって債権者が損害を被ったときには、第三債務者は債務不履行ないし不法行為責任にもとづく損害賠償責任を負うものと解されています（最判昭和44・３・４民集23巻３号561頁、最判昭和61・11・20金融・商事判例762号３頁）。

振込指定については、指定された振込先口座に振込をしなかった振込人（第三債務者）に対して銀行が損害賠償請求をするには、①銀行の預金取引先に対する債権を担保しあるいはその弁済に充当するために振込指定の方法がとられること、②振込人としては、指定された振込の方法によらないで直接上記預金取引先に支払ってはならないこと、③振込指定の方法の変更は預金取引先単独ではなしえず、銀行の承諾を要すること、の少なくとも３要件が振込人に対して明示され、合意の内容とされていなければならないとする裁判例があります（福岡高判昭和57・５・31金融・商事判例648号19頁）。

したがって、振込指定においても、上記３点について振込人の承諾を得ておくことが望ましいといえます。

なお、代理受領や振込指定に反して直接債務者に支払がされた場合でも弁済としては有効です。

代理受領・振込指定の限界

代理受領・振込指定は、担保権とは異なり三者間での債権的合意にすぎないため、次のような点で正式担保である譲渡担保や債権質に劣ります。

①　目的債権が他の債権者によって差し押さえられ、または債務者が目的債権について正式に他の債権者に対して譲渡担保権または質権を設定したときは、他の債権者に対抗することができない。

②　第三債務者が承諾している場合でも、第三債務者の有する抗弁権（相殺権等）は当然に放棄されたものとみなされるわけではないから、第三債務者は承諾前から債務者に対し有している抗弁権を行使できる。

③　債務者について倒産手続が開始された場合、別除権等の担保権的地位は認められず、また、倒産手続開始後の振込にかかる預金債権を受働債権とする相殺は許されない（破産法71条１項１号ほか）。

32 貸出先の死亡と債務の相続

重要度 ［★★★］　進度チェック☑☑☑

出題【23年10月・問18／23年6月・問20】

相続の態様

貸出先の個人が死亡した場合には相続が開始しますが、相続の方法には、単純承認、限定承認、相続の放棄の３つがあります。

単純承認の場合、相続人は無限に被相続人の権利義務を承継します（民法920条）。

限定承認がされると、相続によって得た財産の限度においてのみ被相続人の債務を弁済することを条件として被相続人の権利義務を承継します（同法922条）。

相続の放棄がなされると、はじめから相続人とならなかったものとみなされます（同法939条）。

単純承認

⑴　借入債務の承継態様

相続人が複数いる場合（共同相続）、判例によれば、各共同相続人は法定相続分に応じて分割された借入債務を承継します。このため、債権者は、相続人の一部が弁済資力を欠いても、他の相続人との間で債務引受契約を締結しておかなければ、他の相続人に請求することができません。

共同相続人間で協議により法定相続分とは異なる比率での債務の承継を合意しても、かかる合意は共同相続人間でしか効力を有さず、債権者はその合意には拘束されません（東京高決昭和56・6・19判例タイムズ452号158頁）。また、「相続人のうちの１人に対して財産全部を相続させる」旨の遺言がされていた場合であっても、相続債権者との間では、各相続人が相続債務を法定相続分に従って分割承継することに変わりはありません（最判平成21・3・24民集63巻３号427頁）。

⑵　担保・保証の効力

相続開始後は、各相続人が分割承継した債務を被担保債権・主債務として担保・保証が存続します。

担保権が根抵当権である場合、根抵当権は、相続開始時に存する債務のほかに、根抵当権者と根抵当権設定者との合意により定めた相続人が相続の開始後に負担する債務をも担保しますが（民法398条の８第２項）、相続開始後６か月以内に合意の登記をする必要があります（同条４項）。

限定承認

限定承認がされると、相続債権者に対する公告・催告がなされた後、相続財産をもって、申し出た債権者その他知れたる債権者に対しその債権額の割合に応じて弁済がされます（民法929条）。ただし、相続財産に属する財産に担保権を設定している債権者は、当該財産の換価代金から優先弁済を受けられます（同条ただし書）。

なお、相続財産から回収できない残余の債務については、相続財産以外の財産に対する担保権の実行、保証人に対する請求により回収することができます。

相続の放棄

相続放棄がされると、相続債務は他の相続人が承継するため、債権者は他の相続人を相手として債権の管理・回収をすることになります。

相続人の不存在

相続人の不存在となると、一定期間内に相続人の存在することが判明しない場合には、債権者に対する公告・催告の後（民法957条１項）、相続財産は換価処分されて債権者に弁済されます。

時効の完成猶予・更新

重要度　［★★☆］　　進度チェック☑☑☑

出題【23年10月・問19／23年6月・問21】

「完成猶予」と「更新」

消滅時効に関しては、その更新事由が生じると、それまで経過した時効期間が効力を失い、更新事由が終了すれば、新たに時効が進行を開始します。これに対して、時効の完成猶予事由が生じた場合、本来の時効期間の進行には関係なく、時効の完成自体が一定の期間猶予されることになります。

民法では、権利者が権利行使の意思を明らかにしたと評価できる事実を「完成猶予」事由に、権利の存在について確証が得られたと評価できる事実を「更新」事由にするとの方針がとられています。

消滅時効の完成猶予事由と更新事由は以下のとおりです。

	「完成猶予」事由	「更新」事由
裁判上の請求等	裁判上の請求（147条1項1号）	裁判の確定（147条2項）
	支払督促の申立（147条1項2号）	支払督促の確定（147条2項）
	民事調停・家事調停の申立（147条1項3号）	和解・調停の成立（147条2項）
	破産・再生・更生手続参加（147条1項4号）	権利の確定に至り、手続が終了したこと（147条2項）
強制執行等	強制執行（148条1項1号）	手続の終了（ただし、申立の取下げまたは手続の取消しによる終了の場合は除く）（148条2項）
	担保権の実行（148条1項2号）	
	担保権の実行としての競売（148条1項3号）	
	財産開示手続（148条1項4号）	
	仮差押え・仮処分（149条）	

その他		承認（152条）
	催告（150条。期間：6か月間）	
	天災その他避けることのできない事変（161条。期間：3か月間）	
	権利についての協議を行う旨の合意（151条。期間：6か月間）	

完成猶予

時効の完成猶予については、天災等が発生した場合の時効猶予期間が3か月となります（民法161条）。

当事者間において権利についての協議を行う旨の合意（協議合意）による完成猶予については、債権者と債務者の間の協議合意が書面または電磁的記録でなされた場合には、当該合意があった時から1年間（1年未満の期間を当事者が定めた場合はその期間）時効の完成が猶予されるとともに、協議期間中に、当事者の一方が相手方に対し、書面または電磁的記録で協議の続行を拒絶する旨の通知を行った場合には、協議期間が満了する前であっても通知の時から6か月を経過した時に時効完成猶予の効果がなくなります（同法151条1項・4項）。

協議合意による時効の完成猶予期間内に協議合意を繰り返すことで、完成猶予がなかった場合の時効完成時から最長5年間時効の完成を猶予することができます（同条2項）。

一方、催告による時効の完成猶予期間内に協議合意を行った場合や、協議合意による時効の完成猶予期間内に催告をした場合には、それぞれ協議合意や催告による（再度の）完成猶予の効力は認められません（同条3項）。

34 時効の援用・放棄

重要度［★☆☆］　進度チェック☑☑☑

出題【19年10月・問19／18年6月・問23】

時効の要件

債権の消滅時効の要件は、法の定める一定の期間（時効期間）権利を行使しないことです。

時効期間の起算点は「権利を行使することができる時」です。具体的には、貸付金の弁済期日が到来したとき、期限の利益喪失事由が発生したとき等がこれにあたります。

債権者が権利を行使できる時から10年、これを知った時から５年行使しないときは、債権は、時効によって消滅します（民法166条１項）

時効の援用

⑴　援用の意義

時効の効力は起算日にさかのぼって発生しますが（民法144条）、当事者が時効を援用しない限り、裁判所は時効を基礎として裁判をすることができません（同法145条）。

⑵　援用権者の範囲

時効を援用することができる者とは、時効の援用をしようとする債務者のほか、保証人、物上保証人、第三取得者その他権利の消滅について正当な利益を有する者も含まれます（民法145条）。

これに対し、抵当不動産の後順位抵当権者については、先順位抵当権の被担保債権の消滅時効の援用権者にはあたらないとされています（最判平成11・10・21民集53巻７号1190頁）。

⑶　援用の効果が及ぶ範囲

時効の援用の効果は援用した当事者にしか及ばないと解されています（相対効）。

時効の利益の放棄

⑴　時効完成前の放棄の禁止

時効の利益は、時効完成前に放棄することはできませんが（民法146条）、時効完成後に放棄することはできます。

時効完成前の放棄が禁止されているのは、これを認めると債権者によって濫用されるおそれがあるからです。

⑵　放棄の効果が及ぶ範囲

放棄の効果は放棄をした者にのみ生じ（相対的）、債務者が時効の利益を放棄しても、その効果は保証人や物上保証人には及ばないものと解されています。

⑶　時効完成後の債務の承認

債務者が消滅時効完成を知りながら一部弁済、弁済の猶予等の債務の存在を自認する行為をした場合には、時効の利益の放棄があったものと判断されます。

これに対し、債務者が時効完成を知らずにこれらの自認行為をしても、時効利益を放棄したことにはなりませんが（時効利益の放棄は時効完成を知ったうえで行われる意思表示であるから）、以後、完成した消滅時効の援用をすることは信義則上許されないとされています（最判昭和41・4・20民集20巻4号702頁）。

これは、時効完成を知らない以上時効利益の放棄の効果は生じないものの、もはや時効援用権を喪失するということです。

35 債権譲渡

重要度［★★☆］　進度チェック☑☑☑

出題【22年10月・問25／21年6月・問20】

譲渡制限特約

債権は譲渡自由が原則となりますが、譲渡制限特約を付すことが可能です。ただ、この特約があっても、債権譲渡自体は有効です（民法466条２項）。ただし、譲渡制限特約を知り、または重過失により知らなかった譲受人に対しては、債務者は、その債務の履行を拒むことができます（同条３項）。この場合、債務者は、譲渡人への履行を行い、あるいは供託所への供託が可能ですが、相当の期間を定めて催告を受けても譲渡人への履行をしない場合には、譲受人に対して債務の履行をする必要があります（同条４項）

預金債権の例外

前記「4　預金の譲渡」に記述のとおり、預金債権は譲渡制限特約がある場合の債権の有効性に関する例外とされ、譲渡制限特約が付されている預金債権について譲渡がなされた場合、悪意・重過失の譲受人との関係では、譲渡が無効とされます。

将来債権譲渡

債権の譲渡は、その意思表示の時に債権が現に発生していることを要せず（民法466条の６第１項）、このような現に発生していない債権の譲渡を将来債権譲渡といいます。

将来債権譲渡が行われた場合において、債権譲渡にかかる通知または承諾の時までに譲渡制限特約がされたときは、譲受人その他の第三者がそのことを知っていたものとみなして、譲渡制限特約の対抗にかかる規定（同法466条３項）が適用されます（同法466条の６第３項）。

【参照条文】民法
（債権の譲渡性）
第四六六条　①　債権は、譲り渡すことができる。ただし、その性質がこれを許さないときは、この限りでない。
②　当事者が債権の譲渡を禁止し、又は制限する旨の意思表示（以下「譲渡制限の意思表示」という。）をしたときであっても、債権の譲渡は、その効力を妨げられない。
③　前項に規定する場合には、譲渡制限の意思表示がされたことを知り、又は重大な過失によって知らなかった譲受人その他の第三者に対しては、債務者は、その債務の履行を拒むことができ、かつ、譲渡人に対する弁済その他の債務を消滅させる事由をもってその第三者に対抗することができる。
④　前項の規定は、債務者が債務を履行しない場合において、同項に規定する第三者が相当の期間を定めて譲渡人への履行の催告をし、その期間内に履行がないときは、その債務者については、適用しない。
（譲渡制限の意思表示がされた債権の差押え）
第四六六条の四　①　第四百六十六条第三項の規定は、譲渡制限の意思表示がされた債権に対する強制執行をした差押債権者に対しては、適用しない。
②　前項の規定にかかわらず、譲受人その他の第三者が譲渡制限の意思表示がされたことを知り、又は重大な過失によって知らなかった場合において、その債権者が同項の債権に対する強制執行をしたときは、債務者は、その債務の履行を拒むことができ、かつ、譲渡人に対する弁済その他の債務を消滅させる事由をもって差押債権者に対抗することができる。
（将来債権の譲渡性）
第四六六条の六　①　債権の譲渡は、その意思表示の時に債権が現に発生していることを要しない。
②　債権が譲渡された場合において、その意思表示の時に債権が現に発生していないときは、譲受人は、発生した債権を当然に取得する。
③　前項に規定する場合において、譲渡人が次条の規定による通知をし、又は債務者が同条の規定による承諾をした時（以下「対抗要件具備時」という。）までに譲渡制限の意思表示がされたときは、譲受人その他の第三者がそのことを知っていたものとみなして、第四百六十六条第三項（譲渡制限の意思表示がされた債権が預貯金債権の場合にあっては、前条第一項）の規定を適用する。
（債権の譲渡の対抗要件）
第四六七条　①　債権の譲渡（現に発生していない債権の譲渡を含む。）は、譲渡人が債務者に通知をし、又は債務者が承諾をしなければ、債務者その他の第三者に対抗することができない。
②　前項の通知又は承諾は、確定日付のある証書によってしなければ、債務者以外の第三者に対抗することができない。

36 債務引受

重要度 ［★★☆］　　進度チェック ☑☑☑

出題【23 年 10 月・問 23 ／ 23 年 6 月・問 14】

債務引受の意義

債務引受とは、債務をその同一性を維持したまま移転させることを目的とする契約です。

債務引受には、従来の債務者が債務を免れる「免責的債務引受」と従来の債務者が債務を免れずに引受人が従来の債務者とともに同一内容の債務を負担する「併存的債務引受」があります。

免責的債務引受

免責的債務引受は、①債権者と引受人となる者の契約（民法472条２項）、または、②債務者と引受人となる者の契約によりこれを行うことができます（同条３項）。

①の場合には、債権者が債務者に、契約をした旨を通知した時点で債務引受の効力が生じます（同条２項）。また、②の場合には、債権者の承諾が要件となります（同条３項）。

併存的債務引受

併存的債務引受は、①債権者と引受人となる者の間の契約（民法470条２項）、または、②債務者と引受人となる者の間の契約（同条３項）によりこれを行うことができます。なお、②の場合には、債権者が引受人となる者に対して承諾した時に債務引受の効力が生じます（同条３項）。

併存的債務引受が行われた場合の債務者の債務と引受人の債務は、連帯債務となります（同法470条１項）。

債務引受の効果

⑴ 免責的債務引受

免責的債務引受が行われると、債務はその同一性を失わずに引受人に移転します。ただし、免責的債務引受は、債務者の資力に変動を生じ、保証人に事実上の不利益を及ぼすおそれがあるため、保証債務および第三者により設定された担保は、保証人または物上保証人の同意がない場合には移転しません。

したがって、保証・担保を存続させるには、保証人・物上保証人の同意を得る必要があります。

⑵ 併存的債務引受

併存的債務引受が行われると、債権者は引受人に対し債権を取得し、引受人と従来の債務者はともに債務を負担することとなります。

37 第三者の弁済

重要度 ［★★★］　進度チェック☑☑☑

出題【23年6月・問16・問22／22年6月・問14】

第三者弁済とその禁止

債務の弁済は、債務者以外の第三者もすることができるのが原則ですが(民法474条1項)、以下の場合はできません。

⑴ 債務者の意思に反するとき（同条2項）

債務を弁済することについて正当な利益を有しない第三者は、債務者の意思に反して弁済することはできません。これは、弁済を行った第三者から過酷な求償権の行使を受けるおそれがあること等に鑑み、債務者の意思を尊重するという趣旨です。

債務を弁済することについての「正当な利益」は、事実上の利害関係では足りず、法律上のものでなければならないと解されています。このため、単に債務者の友人であるとか、親族関係があるというだけの者は、利害関係を有しているとは認められず、債務者の意思に反して弁済をすることはできません。

これに対し、物上保証人、抵当不動産の第三取得者や後順位担保権者については、弁済につき利害関係が認められると解されています。

なお、債務者の意思に反することを債権者が知らなかったときは、正当な利益を有しない第三者の弁済も可能とされています（同項ただし書）。

⑵ 債権者の意思に反するとき（同条3項）

債務を弁済することについて正当な利益を有しない第三者は、債権者の意思に反して弁済をすることはできません。これは、弁済につき正当な利益を有しない第三者から弁済があった場合、債権者にその弁済を拒絶する権利を認めるものです。

ただし、上記の第三者が債務者の委託を受けて弁済する場合、そのことを債権者が知っていたときは、債権者はその弁済を拒むことはできません（同項ただし書)。

⑶　債務の性質上許されないとき（同条４項前段）

債務の性質上弁済が許されないとは、一身専属的な給付が必要な場合を意味します。芸術品の創作のように債務者が履行しなければ意味がないもの（絶対的な一身専属給付）と、雇用契約による労務者の労務のように債権者の同意があれば第三者でもなしうるもの（相対的な一身専属給付）とがあります。

⑷　当事者が反対の意思を表示したとき（同項後段）

第三者の弁済を禁止する意思表示は、債権の発生と同時にする必要はないものの、第三者が弁済する前になされなければなりません（大判昭和７・８・10法律新聞3456号９頁）。

第三者弁済における「第三者」

第三者の弁済とは、第三者が他人の債務を自己の名で弁済することであるところ、保証人による主債務の弁済は第三者の弁済にはあたりません。なぜなら、保証人は債権者に対して自らの義務として保証債務を負っており、主債務の弁済はこの保証債務の履行と解されるからです。

第三者弁済の効果

第三者弁済が有効に行われた場合には、債権者との関係では債権は消滅します。ただし、弁済をした第三者は、債務者に対し求償権を行使することができ、また、債権者が有していた債権を代位取得し、求償権の範囲内でこれを行使することができます。

第三者の弁済が認められるにもかかわらず債権者が第三者からの弁済の提供の受領を拒絶した場合には、受領遅滞となります。

38 弁済による代位

重要度 ［★★★］　進度チェック☑☑☑

出題【17年6月・問24／16年6月・問20】

弁済による代位の意義

第三者が債務者に代わって弁済をした場合には、その求償権の範囲内において、債権者が債務者に対して有していた権利（原債権およびこれに伴う担保権等）を行使することができます（民法501条1項）。

弁済による代位は、代位弁済者の債務者に対する求償権を確保するための制度です。

弁済につき正当な利益を有しない者が弁済による代位を行った場合、債権譲渡と同様、通知または承諾をもって権利の移転につき対抗要件を具備する必要があります（同法500条・467条）。

弁済による代位の効果

代位弁済者は、求償権の範囲内で、債権の効力および担保として債権者が有していた一切の権利を取得し、これを行使できます（民法501条1項）。

代位により行使できる権利には、債権者が有していた原債権のみならず、それにもとづく損害賠償請求権、債権者代位権、債権者取消権や、担保権、保証債権も含まれます。

代位弁済者は、求償権と代位により取得する原債権等の両方を行使できますが、原債権を行使できるのはあくまでも求償権の範囲内に限られます（同条2項）。

代位弁済によって全部の弁済を受けた債権者は、債権証書や担保物を代位者に交付しなければなりません（同法503条1項）。

一部代位

第三者によって債権の一部についてのみ弁済がされたときは、代位弁済者は、弁済した価額に応じ、債権者の同意を得て、債権者とともにその権利を行使することができます（民法502条１項）。債権者は、この場合であっても、単独でその権利を行使することができます（同条２項）。

【参照条文】民法

（弁済による代位の要件）

第四九九条　債務者のために弁済をした者は、債権者に代位する。

第五〇〇条　第四百六十七条の規定は、前条の場合（弁済をするについて正当な利益を有する者が債権者に代位する場合を除く。）について準用する。

（弁済による代位の効果）

第五〇一条　①　前二条の規定により債権者に代位した者は、債権の効力及び担保としてその債権者が有していた一切の権利を行使することができる。

②　前項の規定による権利の行使は、債権者に代位した者が自己の権利に基づいて債務者に対して求償をすることができる範囲内（保証人の一人が他の保証人に対して債権者に代位する場合には、自己の権利に基づいて当該他の保証人に対して求償をすることができる範囲内）に限り、することができる。

③　第一項の場合には、前項の規定によるほか、次に掲げるところによる。

一　第三取得者（債務者から担保の目的となっている財産を譲り受けた者をいう。以下この項において同じ。）は、保証人及び物上保証人に対して債権者に代位しない。

二　第三取得者の一人は、各財産の価格に応じて、他の第三取得者に対して債権者に代位する。

三　前号の規定は、物上保証人の一人が他の物上保証人に対して債権者に代位する場合について準用する。

四　保証人と物上保証人との間においては、その数に応じて、債権者に代位する。ただし、物上保証人が数人あるときは、保証人の負担部分を除いた残額について、各財産の価格に応じて、債権者に代位する。

五　第三取得者から担保の目的となっている財産を譲り受けた者は、第三取得者とみなして第一号及び第二号の規定を適用し、物上保証人から担保の目的となっている財産を譲り受けた者は、物上保証人とみなして第一号、第三号及び前号の規定を適用する。

39 相殺の意義・要件

重要度 ［★★★］　進度チェック☑☑☑

出題【23年10月・問22／23年6月・問23】

相殺とは、当事者の一方が相手方に対して同種の内容の債権を有している場合に、その債権と債務を対当額で消滅させることです（民法505条）。

相殺する側が有している債権を自働債権、相殺される側が有している債権を受働債権といいます。

相殺には以下の要件が必要です。

① 当事者間に債権の対立があること

② 対立する両債権が有効に存在すること

③ 対立する両債権が同種の目的を有すること

④ 両債権がともに弁済期にあること

受働債権について弁済期が未到来の場合には、期限の利益を放棄する（同法136条２項）ことにより、相殺することができます。

⑤ 両債権が性質上相殺を許さないものではないこと

相殺が禁止される場合

①当事者が相殺禁止特約をしたとき（民法505条２項）、②不法行為による損害賠償請求権（同法509条）・差押禁止債権（同法510条）を受働債権とするとき、③受働債権が差し押えられた後に自働債権を取得したとき（同法511条）、④自働債権に抗弁権（催告・検索の抗弁権（同法452条・453条）や同時履行の抗弁権（同法533条））が付着しているとき（最判昭和32・２・22民集11巻２号350頁）、⑤自働債権に差押えまたは質権設定がされているとき、⑥倒産手続における相殺制限に該当するとき（破産法71条ほか）などの場合には、相殺をすることができません。

相殺の方法

⑴　相殺の意思表示

相殺をするには、相手方に対し相殺の意思表示をする必要があります（民法506条１項）。

⑵　相殺通知の相手方

①　通常の場合

相殺通知は、受働債権の債権者に対して行います。

②　預金について（仮）差押えなどがあった場合

預金に対し差押えがあった場合、相殺通知は預金者・差押債権者のいずれに対しても行うことができますが、実務上は預金者に対して行い、差押債権者にも「相殺を実行した」旨の事後通知をしておきます。

預金に仮差押えがあった場合は、相殺通知は預金者に対して行い、仮差押債権者にも「相殺を実行した」旨の事後通知をしておきます。

預金に転付命令があった場合は、転付命令の確定によって預金債権は転付債権者に移転しますので（民事執行法159条）、相殺通知は転付債権者に対して行います（確定前は預金者に対して行う）。

③　預金者について倒産手続があった場合

預金者について破産または会社更生手続が開始された場合には、相殺通知は管財人に対して行います。民事再生手続が開始された場合は、原則として預金者に行います。

相殺の効果

相殺適状を生じた時にさかのぼって自働債権と受働債権はその対当額において消滅します（民法506条１項・２項）。

40 差押えと相殺の優劣

重要度　[★★☆]　　進度チェック☑☑☑

出題【21年10月・問22】

民法511条の規定

融資先の預金に第三者からの差押えがあった場合、金融機関が有する融資債権を自働債権、融資先の預金を受働債権として相殺することによって差押えに対抗できるかという点ついて、民法511条１項は以下のように規定しています。

「差押えを受けた債権の第三債務者は、差押え後に取得した債権による相殺をもって差押債権者に対抗することはできないが、差押え前に取得した債権による相殺をもって対抗することができる。」

この規定により、預金に差押えがなされる以前に融資債権を有していれば、融資先の預金に差押えがあったとしても、第三債務者である金融機関は、融資債権と預金債権とを相殺することによって差押債権者に対抗することができます。

「対抗することができる」という意味は、相殺によって預金が消滅したことを金融機関が差押債権者に主張することができるということです。

最高裁昭和45年６月24日判決

相殺と差押えの優劣については古くから金融機関における債権回収上の重要な論点となっており、相殺の可否について学説・判例は、制限説（自働債権の弁済期が受働債権の弁済期よりも先に到来する場合に限って相殺を認めるというもの）と無制限説（両債権の弁済期に何らの制限を設けないとするもの）の対立がありました。

そのような中、最高裁昭和45年６月24日判決は、「第三債務者は、その債権が差押後に取得されたものでないかぎり、自働債権および受働債権の弁済期の前後を問わず、相殺適状に達しさえすれば、差押後においても、これを自働債権として相殺をなしうる」との判断を示し（民集24巻６号587頁）、最高裁として無制限説を採用することを明言しました。

このように、民法の規定および判例も、自働債権が差押えの前に取得したものであれば、自働債権と受働債権の弁済期に関係なく（たとえ自働債権の弁済期が受働債権の後であっても）、金融機関は、相殺をもって差押債権者に対抗できるとしています。

銀行取引約定書上の特約

上記のとおり、金融機関は、差押えの前に融資債権を有していれば預金債権との相殺が可能ですが、相殺を行う場合、当然ながら融資債権・預金債権ともに弁済期が到来していることが必要となります（民法505条１項）。

この点について、金融機関は預金に差押えがあった場合、銀行取引約定書の期限の利益喪失条項の中の当然喪失事由（債務者の預金に差押命令・通知が発送されたとき）に該当するとして融資債権の弁済期を到来させ、一方、預金については期限の利益を放棄することによって相殺適状を作出し、それによって預金債権と融資債権を相殺することができます。

また、金融機関が行う相殺については、銀行取引約定書に、「期限の利益の喪失その他の事由によって債務者が債務を履行しなければならない場合には、その債務と預金等とを、期限のいかんにかかわらず、いつでも相殺することができる」旨の規定があります。これは、金融機関と取引先との特約で、一般に特約は当事者のみに効力があるとされているため、差押債権者の第三者にもその効力が及ぶのかが問題となります。この点、上記最高裁判決から、差押債権者等の第三者にも効力が及ぶものとなります。

41 債権者代位権

重要度 ［★★☆］　進度チェック☑☑☑

出題【23年6月・問22／21年10月・問21】

債権者代位とは、債務者が第三債務者に対して有する債権について、当該債務者に対して債権を有する債権者が、債務者に代位して権利を行使することをいいます。

債権者は、債務者の財産を引当にして貸付等を行いますが、債務者の財産に債権がある場合に、その債権の適切な回収や権利行使がなされないと、債権者による債権回収に支障を来す可能性があります。そこで、債権者は、自己の債権を保全するために必要があるときは、債務者に属する被代位権利を行使することができます（民法423条１項）。

債権者が行使できるのはあくまで自身の有する債権が行使できる場合に限られるため、債権の期限が到来しない間は、被代位権利を行使することができず（同条２項）、また、債権が強制執行により実現できないものであるときは債権者代位権を行使することはできません（同条３項）。

被代位権利の目的が可分であるときは、自己の債権の額の限度においてのみ、被代位権利を行使することができます（同法423条の２）

債権者は、被代位権利を行使する場合、金銭の支払または動産の引渡しを目的とするものであるときは、自己に対して支払、引渡しを求めることができます（同法423条の３）。これに対して、第三債務者は、債務者に対して主張できる抗弁を債権者に対しても主張できます（同法423条の４）。

また、債権者が債務者の権利を代位行使しても、債務者の処分権限はこれによって制限されません（同法423条の５）。代位債権者から通知があっても、債権者代位訴訟を提起されても、債務者の処分権限には何らの影響もなく、債務者は、相手方に対して権利行使することができ、相手方も債務者に対して履行をすることができます。

また、債権者が訴えによって債権者代位権を行使したときは、遅滞なく、債務者に対し、訴訟告知をしなければなりません（同法423条の６）。

【参照条文】民法
（債権者代位権の要件）
第四二三条　①　債権者は、自己の債権を保全するため必要あるときは、債務者に属する権利（以下「被代位権利」という。）を行使することができる。ただし、債務者の一身に専属する権利及び差押えを禁じられた権利は、この限りでない。
②　債権者は、その債権の期限が到来しない間は、被代位権利を行使することができない。ただし、保存行為は、この限りでない。
③　債権者は、その債権が強制執行により実現することのできないものであるときは、被代位権利を行使することができない。
（代位行使の範囲）
第四二三条の二　債権者は、被代位権利を行使する場合において、被代位権利の目的が可分であるときは、自己の債権の額の限度においてのみ、被代位権利を行使することができる。
（債権者への支払又は引渡し）
第四二三条の三　債権者は、被代位権利を行使する場合において、被代位権利が金銭の支払又は動産の引渡しを目的とするものであるときは、相手方に対し、その支払又は引渡しを自己に対してすることを求めることができる。この場合において、相手方が債権者に対してその支払又は引渡しをしたときは、被代位権利は、これによって消滅する。
（相手方の抗弁）
第四二三条の四　債権者が被代位権利を行使したときは、相手方は、債務者に対して主張することができる抗弁をもって、債権者に対抗することができる。
（債務者の取立てその他の処分の権限等）
第四二三条の五　債権者が被代位権利を行使した場合であっても、債務者は、被代位権利について、自ら取立てその他の処分をすることを妨げられない。この場合においては、相手方も、被代位権利について、債務者に対して履行をすることを妨げられない。
（被代位権利の行使に係る訴えを提起した場合の訴訟告知）
第四二三条の六　債権者は、被代位権利の行使に係る訴えを提起したときは、遅滞なく、債務者に対し、訴訟告知をしなければならない。

42 抵当権の実行

重要度 ［★★☆］　進度チェック☑☑☑

出題【23年10月・問25／22年10月・問23】

抵当権の実行方法

抵当権の実行方法には、抵当不動産を強制換価手続（競売）に付して換価代金を被担保債権の弁済に充てる方法としての担保不動産競売手続（民事執行法180条1号）と、抵当不動産から生じる収益を被担保債権の弁済に充てる方法としての担保不動産収益執行手続（同条2号）があり、両者は別個独立の手続であるため、いずれかを選択することも、同時に（または前後して）申し立てることもできます。

不動産担保権の実行の開始決定に対する執行抗告または執行異議の申立においては、債務者または不動産の所有者は、担保権の不存在または消滅を理由とすることができます（同法182条）。不動産担保権の実行の手続は、担保権のないことを証する確定判決等の提出があつたときは、停止しなければなりません（同法183条）。

抵当権実行としての競売手続開始の手続

執行裁判所は、抵当権実行としての競売（以下「競売」という）の開始決定前であっても、債務者または不動産の所有者もしくは占有者が価格減少行為（価格の減少またはそのおそれの程度が軽微である場合を除く）をする場合において、特に必要があるときは、買受人が代金を納付するまでの間、保全処分または公示保全処分を命ずることができます（同法187条）。

競売手続が開始されると、当該不動産に差押登記がなされる（同法188条・45条1項・48条1項）とともに、開始決定が抵当権設定者および債務者に送達されます（民法154条参照、民事執行法188条・45条2項）。

差押えの効力は、開始決定の抵当権設定者への送達と差押登記のいずれか早い時点で生じるが（同法188条・46条1項）、抵当不動産に開始決定を原因とする差押登記がされても、抵当不動産の所有者は、通常の方法に従って不動産を使用収益することができます（同法188条・46条２項）。

すでに競売手続の開始決定がなされている不動産について、二重の競売の申立がなされた場合、執行裁判所は、さらに競売の開始決定を行うこととされており（同法188条・47条１項）、これを二重開始決定といいます。二重開始決定に基づく競売手続は、先行事件が取下げ等により終了したときや、先行事件が停止されたときは後行の事件に基づいて手続が続行されます（同法188条・47条２項）。

競売手続のタイムスケジュールは、以下のとおりです。

①　債権者による競売申立

②　競売開始決定・不動産に対する差押え

③　現況調査報告書、評価書、物件明細書の作成

④　売却の実施

⑤　買受希望者による入札

⑥　売却許可

⑦　代金納付

⑧　不動産の引渡し

⑨　債権者への配当

43 担保不動産収益執行

重要度 ［★☆☆］　進度チェック☑☑☑

出題【14年6月・問33】

意　義

担保不動産収益執行は、抵当権者が抵当不動産の収益から優先弁済を受けるための制度であり（民事執行法180条２号）、その手続には強制管理の規定が準用されています（同法188条）。

なお、抵当権者は、物上代位と担保不動産収益執行のいずれの方法によることもできます。

手続の概要

⑴　手続の開始

担保不動産収益執行は、抵当権者の申立によって開始されます。担保不動産収益執行の開始決定においては、不動産の差押宣言、債務者（所有者）に対する収益処分の禁止、賃料等の請求権の債務者に対し「その給付の目的物を管理人に交付すべき旨」が命じられます（民事執行法93条１項）。

⑵　管理人

担保不動産収益執行の開始決定と同時に執行裁判所によって管理人が選任され（同法94条１項）、銀行等の法人も管理人となることができます（同条２項）。管理人の地位は、不動産の管理、収益権能の行使を委任された執行裁判所の補助機関です。

管理人は、不動産の管理ならびに収益の収取および換価、民法602条所定の期間を超えない新たな賃貸借契約の締結などを行う権限を有します（同法95条・96条）。

⑶　配当等

管理人は、管理する不動産の収益から必要経費を控除したものを裁判所の定める期間ごとに権利の優先順位に従って配当受領権者に配当しなければなりません（同法107条１項）。

なお、他の債権者の申立により担保不動産収益執行が行われた場合、抵当権者は自ら担保不動産収益執行を申し立てない限り、収益の配当を受けることができません（同法107条４項１号ハ）。

担保不動産競売との関係

担保不動産収益執行は担保不動産競売とは別個独立の手続であり（民事執行法180条）、担保不動産競売と併行して手続を進めることができますが、競売において買受人が代金を納付すると、取り消されることになります（同法111条・53条）。

賃料債権に対する物上代位との競合

⑴　賃料債権に対する物上代位が先行している場合

物上代位による賃料差押えが先行している場合、先行の差押えの効力は停止されますが（民事執行法93条の４第１項本文）、当該差押債権者は、後行の担保不動産収益執行手続において当然に配当を受けることができます（同条３項）。

⑵　担保不動産収益執行が先行している場合

担保不動産収益執行が先行している場合には、後行で物上代位による賃料差押えを行っても、当該差押債権者は先行の担保不動産収益執行手続において配当を受けることはできません。

44 破　産

重要度［★★★］　進度チェック☑☑☑

出題【23年10月・問24／22年10月・問24】

意義、手続開始原因、申立権者

債務者が全財産によりすべての債務を完済できなくなった場合に、債務者財産を強制換価して、債権者全員に公平に分配することを目的とするすべての法人と個人を対象とする手続です。

破産手続開始の原因は債務者の支払不能（債務者が法人の場合は支払不能または債務超過（破産法16条））です。

債務者が支払を停止したときは、支払不能にあると推定されます（同法15条２項)。

申立権者は、債権者、債務者、法人の理事、取締役、業務執行社員などです（同法18条・19条)。

破産手続と担保

⑴　別除権の行使

担保権は、別除権（破産法２条９項）として、破産手続によらずに行使可能です（同法65条１項)。

⑵　破産管財人の任意売却に伴う担保権の消滅制度

担保権消滅制度とは、破産管財人が、裁判所の許可を得て、担保権の目的財産を任意売却し、担保権すべてを消滅させる制度です（同法186条以下)。

売買代金の一部を破産財団に組み入れることもできますが、組入金を除く売買代金は担保権者に配当されます。

破産と相殺

融資先の破産手続開始時に貸出金と預金があれば、手続開始後も相殺が可能です（破産法67条１項)。ただし、次の場合には、破産法上、相殺は禁止されます（同法71条１項)。

① 破産手続開始後に破産財団に対して債務を負担したとき

② 支払不能後に契約で負担する債務を専ら破産債権により相殺する目的で破産者財産の処分を内容とする契約を破産者との間で締結するなどにより、破産者に対して債務を負担した場合であって、当該契約の締結の当時、支払不能であったことを知っていたとき

③ 支払停止後に破産者に債務を負担した場合であって、その負担の当時、支払の停止があったことを知っていたとき（ただし、支払の停止があった時において支払不能でなかったときを除く）

④ 破産手続開始の申立があった後に破産者に対して債務を負担した場合であって、その負担の当時、破産手続開始の申立があったことを知っていたとき

②から④の場合でも、債務負担が次のいずれかの場合、相殺は禁止されません（同法71条２項)。

イ　法定の原因

ロ　支払不能であったことまたは支払停止もしくは破産手続開始の申立があったことを、破産債権者が知った時より前に生じた原因

ハ　破産手続開始の申立より１年以上前に生じた原因破産管財人は、一般債権調査期間経過後（または期日終了後)、１月以上の期間を定めて、破産債権者に相殺するかどうかを催告し、期間内に確答がないときは、破産債権者は相殺できなくなります（同法73条)。

免　責

免責とは、破産者が、破産手続による配当を除き、責任を免れる制度です(破産法253条１項)。免責許可の決定は、担保・保証の効力に影響を及ぼしません（同条２項)。

45 民事再生

重要度 ［★★★］　　進度チェック ☑☑☑

出題【23年6月・問24／22年6月・問24】

意　義

経済的に窮境にある債務者について、債権者の多数の同意を得て、かつ、裁判所の認可を受けた再生計画を定めること等により、債務者と債権者との間の民事上の権利関係を調整し、債務者の事業または経済生活の再生を図ることを目的とするすべての法人と個人を適用対象とする制度です（民事再生法１条）。

再生手続開始の原因

再生手続開始の原因は、①破産手続開始の原因となる事実の生じるおそれがあること、または②事業の継続に著しい支障を来すことなく弁済期にある債務を弁済することができないことです（民事再生法21条）。

①には、支払不能の発生のおそれまたは債務超過の発生のおそれが該当します。

再生手続開始の申立権者

再生手続開始の申立権者は債務者または債権者ですが（民事再生法21条）、債権者の申立は、上記①の場合に限られます（同条２項）。

再生手続の追行

再生債務者は、破産手続における破産者と異なって、再生手続開始後も、原則として業務遂行権および財産の管理処分権を失いません（民事再生法38条１項）。ただし、裁判所は、財産の処分・譲受け、借財、訴えの提起等の再生債務者の一定の行為について、裁判所の許可を必要とすることができます（同法41条１項）。

また、再生債務者は、債権者に対し、公平かつ誠実に財産管理権等を行使し、再生手続を追行する義務を負っています（公平誠実義務、同法38条２項）。

民事再生と担保

再生債務者の財産上の担保権は、別除権として、再生手続によらず自由に行使することができます（民事再生法53条２項）。しかし、再生債務者の事業または経済生活のために必要不可欠な財産が失われると、再生債務者の再生が困難となるほか、再生債権者の一般の利益にも反する場合もありますので、「担保権の実行手続の中止命令」（同法31条）と「担保権消滅請求」（同法148条～ 153条）の各制度が設けられています。

担保権の実行手続の中止命令とは、債権者の一般の利益に適合し、かつ、競売申立人に不当な損害を及ぼすおそれがない場合、裁判所が、担保権の実行手続の中止を命じることができる手続です。

また、担保権消滅請求とは、再生債務者等が担保物件の時価に相当する金銭を裁判所に納付することによって、再生債務者の事業の継続に不可欠な財産の上に設定された担保権を消滅させる手続です。

民事再生と相殺

再生手続開始の当時、貸出金と預金が存在し、これが債権届出期間の満了前に相殺適状になったときは、再生手続によらずに相殺をすることができます（民事再生法92条１項）。ただし、破産法71条と同様の相殺禁止規定があり、この規定に抵触する場合には、相殺をすることはできません（同法93条）。

相殺できるのは、再生債権届出期間内であり、これを経過すると相殺をすることはできません（同法92条１項）。

第3章

決　済

46

(内国為替)
為替取引の法律関係

重要度　[★★★]　　進度チェック☑☑☑

出題【23年10月・問26／22年10月・問26】

依頼人と仕向銀行（代金取立の場合は委託銀行）の関係

(1) 振込の場合

振込における依頼人と仕向銀行の関係は、依頼人が仕向銀行に対してある金額を受取人に送付することを委託する民法上の（準）委任契約と解するのが通説・判例です。振込依頼人と仕向銀行の振込契約は、振込依頼時に被仕向店に受取人の預金口座がなくても成立します。また、振込依頼人と受取人の間の振込の原因となった取引が取り消されたとしても、振込依頼人と仕向銀行間の振込契約の効力には影響しないと解されています。

仕向銀行は、振込依頼内容に従って、被仕向銀行宛てに振込通知等を発信し、この事務を委任契約の受任者として善良なる管理者の注意をもって行う義務を負いますが、振込金が受取人の預金口座に入金記帳され、振込事務が完了することまでの義務は負いません。

(2) 代金取立の場合

代金取立については、委託銀行は、依頼人から証券類（取立手形）の取立を委任されこれを行うという民法上の委任契約が成立し、あわせて、取立済みとなったときは、その代り金を預金口座に入金するという条件付預金契約も結ばれます。証券類が手形・小切手の場合には、委託銀行は、依頼人から取立権限を付与されて、取立委任に関して手形・小切手から生じるいっさいの権利を行使することができ、取立の目的の範囲内でさらに他の金融機関に取立を委任することができます。

仕向銀行と被仕向銀行（代金取立の場合は委託銀行と受託銀行）の関係

(1) 振込の場合

仕向銀行と被仕向銀行の取引は、内国為替取扱規則に定めるところにより取り扱われ、相互に委任契約の当事者の関係にあります。

振込の被仕向銀行は、仕向銀行に対して、善良な管理者の注意義務をもって受信した振込通知に記載された受取人名義の預金口座に振込金を入金する義務を負います。

⑵　代金取立の場合

代金取立の委託銀行と受託銀行との関係は、内国為替取扱規則の定めを内容とする委任契約等の当事者の関係に加えて、代理人と復代理人の関係になります。取立手形については、代金取立規定により受託銀行に復代理権が授与され、受託銀行は善良な管理者の注意をもって委託を受けた取立手形を取り立てる義務を負います。

被仕向銀行と受取人（代金取立の場合は受託銀行と支払人）の関係

⑴　振込の場合

振込の被仕向銀行と受取人、代金取立の受託銀行と支払人の間には、為替取引にもとづく直接の契約関係はありません。

被仕向銀行は、預金契約により振込金を預金口座に入金する旨を特約していますから、その約定に従って受取人の預金口座に入金し、受取人は、それによって同額の預金債権を取得します。

⑵　代金取立の場合

代金取立については、受託銀行は、代金取立手形の所持人として、取立委任裏書などによって授与された権限によって支払人に対して支払を請求し、その代り金を受領する権限があるにとどまり、支払人は、依頼人に対する抗弁を主張することができます。

振込による預金の成立

受取人名義の預金口座に振込金が入金記帳された時に受取人の預金債権が成立し、受取人は銀行間の資金決済の完了の有無に関係なく、払戻請求ができるとされています。

また、判例は、振込依頼人から受取人の銀行の普通預金口座に振込があったときは、振込依頼人と受取人との間に振込の原因となる法律関係が存在するか否かにかかわらず受取人と銀行との間に振込金額相当の普通預金契約が成立するとしています。

47 振込における仕向銀行・被仕向銀行の取扱い

重要度 ［★★★］　進度チェック☑☑☑

出題【23年6月・問26・問27／23年10月・問27】

仕向銀行の取扱い

⑴ 振込資金

振込資金は、委任事務処理費用としての法的性質を有し、他行為替では現金またはこれに準じるものに限られています。なお、仕向銀行と取引のない者から線引小切手を振込資金とする振込依頼を受け付けることは、小切手法の線引違反となります。

⑵ 振込契約の成立

銀行が振込依頼を承諾または依頼内容を確認し、振込資金と振込手数料を受領した時に振込契約が成立します。

⑶ 取引内容の照会

依頼人から受取人預金口座に振込金が入金されていない旨の照会があったときには、銀行は受任者の事務処理状況報告義務として調査・回答義務があります。

⑷ 免　責

仕向銀行は、災害や事変等、仕向銀行または全銀システム等の金融機関の共同システムの運営主体が相当の安全対策を講じたにもかかわらず、端末機、通信回線またはコンピュータ等に障害が生じた場合、および仕向銀行以外の金融機関の責に帰すべき事由による場合、入金遅延や入金不能によって生じた損害については責任を負いません。

被仕向銀行の取扱い

⑴ 被仕向銀行の義務

被仕向銀行の負う主たる義務は、受取人の預金口座に振込金を入金することです。法人名義の預金口座宛ての振込通知の代表者個人名義預金口座への入金やその逆は、代表者本人からの申出があってもできませんが、婚姻による改姓があった場合は、改姓後の預金口座に入金できます。

なお、被仕向銀行は受取人との間で特約のない限り入金通知をする義務は負いません。

⑵　取引解約後口座宛ての振込

指定された預金口座がない場合には、被仕向銀行の善管注意義務として仕向銀行を通じて依頼人の指示を待つべきとされています。

振込の組戻し

組戻しは委任契約の解除であり、当事者間でいつでもすることができます。

仕向銀行は、振込通知発信前の場合は振込内容を確認し一致していれば組戻しに応じ、振込通知発信後の場合はただちに被仕向店宛てに組戻依頼電文を発信し、その回答を待って処理します。被仕向銀行は、入金処理未済の場合は組戻しを承諾し、入金処理済みの場合は受取人が承諾した場合のみ組戻しに応じます。

為替通知の取消しと訂正

内国為替取扱規則では、①重複発信、②受信銀行名・店名相違、③通信種目コード相違、④金額相違、取扱日相違の５つの事由を為替通知の取消原因として定めています。

仕向銀行の誤った振込通知にもとづいて被仕向銀行が振込金を入金記帳した後に取消依頼を受けた場合は、当該受取人の承諾を得ることなく入金を取り消して仕向銀行に資金を返送します。

訂正は、振込の受取人名や預金種目・口座番号など資金決済に影響しない事項につき、すでに発信した為替通知の内容の一部を修正するものです。ただし、振込依頼人が、金融機関名、店舗名および金額を間違えてその訂正の申出があったときは組戻手続によります。

48 代金取立における委託銀行・受託銀行の取扱い

重要度 ［★★★］　進度チェック☑☑☑

出題【23年10月・問29／22年10月・問29】

代金取立の対象

代金取立の対象（取立手形）は、約束手形、為替手形、小切手、預金証書・通帳、配当金領収証、公社債、利札その他の金銭債権を表示する証券類で、預金口座へただちに受入れができないもの（①自店で決済できないもの、②自店で手形交換によって取り立てることができないもの、③支払期日が到来していないもの、④取立に条件または特別の手続を要するもの）です。

支払呈示期間経過後の小切手も代金取立として取扱いできます。

代金取立の取立方式

代金取立の取立方式には、集中取立（手形のみ。未引受の為替手形、一覧払手形、付帯物件付手形、減額取立依頼のあった手形等は除く）、個別取立（手形・小切手）、期近手形集中取立（手形・小切手）の３方式があります。

代金取立における委託銀行の取扱い

代金取立の依頼人は委託店の取引先であることが原則です。手形・小切手の取立依頼人が死亡しても取立権限は消滅しないので、そのまま取立事務は続行できます。

委託銀行は、取立の依頼を受けた手形および記名式小切手をさらに他行宛てに取り立てる場合に、取立委任裏書に換えて、「取立委任印（スタンプ）」によることができます。

なお、先日付小切手は法律上は振出日前でも取立可能ですが、依頼人から振出日取立の依頼を受けたときは、「振出日取立」を依頼する旨を小切手面上に表示します。

取立依頼を受けた証券類が不渡りになった場合には、届出の住所宛てに不渡通知をし、不渡証券類は、受入店舗において返却します。

代金取立における受託銀行の取扱い

⑴　取立義務

受託店は、手形交換や店頭交換によって取立が可能な場合に取立義務を負います。先日付小切手について委託銀行から「振出日取立」の依頼を受けた場合には、受託銀行は委任契約の受任者の立場にあるので、小切手法の定めにかかわらず、振出日に取り立てなければなりません。

⑵　不渡手形の権利保全手続

委託銀行は依頼人に対して、また、受託銀行は委託銀行に対して、とくに依頼のない限り拒絶証書作成など権利保全の手続をとる義務を負いません。

⑶　為替通知の発信

証券類を支払呈示した受託銀行は、委任契約の受任者としての義務として、その結果を遅滞なく為替通知をもって委託銀行に通知します。

⑷　不渡通知の発信時期等

集中取立・期近手形集中取立では、期日の翌営業日までに不渡り1件ごとに、受託店が委託店宛てに資金請求をします。個別取立の為替通知（入金報告または不渡通知）は、取立手形1件ごとに、入金報告または不渡通知を発信します。

⑸　代金取立の組戻し

委託店は取立手形を受託店宛てに発送済みのときは、受託店宛てに組戻依頼電文（「一般通信（依頼）」）を発信し、承諾の回答を得たときは、後日受託店から当該取立手形が返却されるので、返却された取立手形を受取書と引換えに依頼人に返却します。

49

(手形・小切手)
手形の記載事項

重要度 ［★★☆］　進度チェック☑☑☑

出題【23年6月・問31／22年10月・問30】

手形・小切手の記載事項

⑴ 必要的記載事項

必要的記載事項とは、手形・小切手としての効力を生じるため必ず記載しなければならない事項です（手形法２条・76条、小切手法２条）。

約束手形	為替手形	小切手
①約束手形であることを示す文字 ②単純な支払約束文句 ③満期日 ④受取人またはその指図人 ⑤手形金額 ⑥振出人の署名 ⑦振出日 ⑧振出地 ⑨支払地	①為替手形であることを示す文字 ②単純な支払委託文句 ③支払人（引受人）の名称 ④満期日 ⑤受取人またはその指図人 ⑥手形金額 ⑦振出人の署名 ⑧振出日 ⑨振出地 ⑩支払地	①小切手であることを示す文字 ②単純な支払委託文句 ③支払人（金融機関）の名称 ④小切手金額 ⑤振出人の署名 ⑥振出日 ⑦振出地 ⑧支払地

⑵ 有益的記載事項

有益的記載事項とは、記載がなくても手形・小切手は無効になるわけではありませんが、記載があれば手形・小切手上なんらかの効力を生じる事項です。

（例）①振出人の名称に付記した地（住所）、②第三者方払文句（支払場所）、③指図（裏書）禁止文句、④一覧払、一覧後定期払手形の利息文句、⑤拒絶証書不要文句

⑶ 無益的記載事項

無益的記載事項とは、手形・小切手上に記載してもなんの効力も生じない事項です。

① 記載しても、法律上当然に認められているため、記載が無意味な事項:(例)「この手形（小切手）と引換えに支払う」という受戻文句、手形の支払文言のなかの「または指図人」という支払指図文句等

② 記載しても、法律上記載されないものとみなされる事項：(例) 確定日払手形や小切手における利息約定の記載、小切手における一覧払以外の満期や引受の記載等

③ 当事者間では私法上の効力を生じるが、手形上の効力は無効である事項：(例) 違約金文句、支払猶予の特約、裁判所の合意管轄文句

⑷ 有害的記載事項

有害的記載事項とは、記載することにより手形・小切手が無効となる事項です。

手形に法定の満期と異なる満期の記載や分割払の記載、手形・小切手の支払委託や支払約束の単純性を害するような記載です。

金額の記載

① 文字と数字で金額を記載した場合で、両者に差異があるとき：文字の金額

② 文字または数字で金額を重複記載した場合で、両者に差異があるとき：最小金額振出日の記載振出日は、実際のそれと同じである必要はなく、現実の振出日より将来の日や過去の日を振出日としても、それが暦にある日であれば有効です。

手形の満期の記載

満期は次の4種類のいずれかでなければならず、これと異なる満期の手形は無効です。

①確定日払、②一覧払（所持人が手形の支払呈示をした日を満期とする手形)、③日付後定期払（振出日付後手形に記載された一定期間経過後の日を満期とする手形)、④一覧後定期払（一覧のための呈示があった後、手形に記載された一定期間を経過した日を満期とする手形)

白地手形

重要度 ［★★★］　進度チェック☑☑☑

出題【23年10月・問33／23年6月・問33】

商慣習法による承認

白地手形・小切手とは、その要件の一部を取得者に補充させる意思で、それを空白のまま発行された未完成な手形・小切手であり、商慣習法によって認められています。

白地手形と遡求権

白地手形・小切手の所持人がその権利を行使するには、自ら白地部分を補充し、完成された手形・小切手にしなければなりません。白地部分を補充しないで呈示した場合は、裏書人等に対する遡求権を保全することができません（最判昭和33・3・7民集12巻3号511頁）。

白地補充権

白地補充権について、多くの判例は、不動文字で印刷された手形用紙を用いて、要件の一部を白地として署名のうえ発行すれば、特別の事情のない限り、補充権を授与したものと推定しています。

白地手形の補充は、約束手形の振出人との関係では、満期から3年以内に行えば足りますが、裏書人との関係では、呈示期間内における呈示前にする必要があります。

白地補充権の濫用

手形法・小切手法は、白地の補充があらかじめの合意と異なる場合においては、手形・小切手上の債務者は、その不当補充をもって所持人に対抗することができないものの、所持人が不当補充を知って（悪意）、またはちょっと注意をすれば不当補充を知りえた状態で（重大なる過失によって）、白地手形・小切手を取得したときは、その限りでないと定めています（手形法

10条・77条２項、小切手法13条)。

また、判例によれば、補充後の取得者だけでなく、善意・無重過失で白地手形を取得し、合意と異なる補充をした所持人に対しても、手形債務者は、不当補充を対抗することができないとされています（最判昭和41・11・10金融・商事判例34号２頁)。

銀行の白地補充義務

各種の銀行取引規定は、銀行には白地を補充する義務がないことを明言しています（当座勘定規定ひな型１条２項、普通預金規定ひな型２条２項、代金取立規定ひな型２条１項ほか)。

また、銀行に白地の補充を促す義務があるかについては、判例は、これを否定しています（最判昭和55・10・14金融・商事判例610号３頁)。

当座勘定取引の取扱い

当座勘定規定ひな型17条は、取引先に対して手形要件・小切手要件の記載を要請したうえで、小切手もしくは確定日払の手形で振出日の記載のないもの、手形で受取人の記載のないものについては、取引先に連絡することなく支払うことができるとし、これによって生じた損害については責任を負わない旨、規定しています。

割引手形の白地補充

割引手形について手形要件に白地がある場合には、必ずそれを補充するようにします。なお、銀行は手形割引と同時に白地補充権を取得すると解されます。

51 手形の裏書

重要度 ［★★★］　進度チェック☑☑☑

出題【22年10月・問32／22年6月・問32】

裏書の一般的効力

手形・小切手には「裏書」という譲渡方法が認められており（手形法11条1項・77条1項1号、小切手法14条1項）、以下のような効力を有します。

①　権利移転的効力

裏書により、手形・小切手上の一切の権利が被裏書人に移転するという効力です。

②　担保的効力

裏書人は、裏書によりその後の者全員に対し、手形・小切手の支払を担保する責任を負うという効力です。

③　資格授与的効力

裏書の連続のある手形・小切手の所持人は、手形・小切手上の権利者としての資格があるものと推定されるという効力です。

裏書の方法

(1)　記名式裏書と白地式裏書

①　記名式裏書

裏書文句と被裏書人名を記載して行う裏書です。

②　白地式裏書

被裏書人名を記載しない裏書。これには、裏書文句を記載したものと、それも記載しないもの、すなわち単に裏書人が署名するだけのものがあります。

白地式裏書によって手形・小切手を取得した者は、自己の名称を被裏書人欄に補充しなくても、手形・小切手上の権利を行使することが可能です。また、その者は、被裏書人欄に自己の名を補充しまたは補充しないで、さらに手形・小切手を裏書譲渡することが可能です。

このほか、白地を補充しないで、単なる交付によって譲渡することができるし、被裏書人欄に譲渡先の名を記載して譲渡することも可能です。

⑵　被裏書人が抹消された裏書

被裏書人の記載のみが抹消された場合、白地式裏書となるとするのが判例です（最判昭和61・7・18金融・商事判例757号3頁）。

裏書の単純性

裏書は単純でなければならず、条件を付したり、手形・小切手金額の一部について裏書（一部裏書）すると、裏書自体が無効とされます（手形法12条1項・77条1項1号、小切手法15条）。

特殊な裏書

①　取立委任裏書

手形の取立を目的とする裏書で、「回収のため」「取立のため」など取立委任の趣旨を付記して行う裏書です。

②　質入裏書

手形上の権利に質権を設定することを目的とする裏書で、「担保のため」「質入のため」など質権設定の趣旨を付記して行う裏書です。

③　無担保裏書

無担保裏書は、裏書人が手形上の責任を負わない旨を記載した裏書です。

④　裏書禁止裏書

裏書人が新たな裏書を禁止する旨を記載してする裏書です（手形法15条2項・77条1項）。

⑤　戻裏書

すでに手形債務者となっている者に対して行う裏書です。

⑥　期限後裏書

支払拒絶証書作成後または支払拒絶証書作成期間経過後にされた裏書です（確定日払手形では、支払をなすべき日とこれに続く2取引日）。

52 裏書の連続

重要度 ［★★★］　進度チェック ☑☑☑

出題【20年10月・問33／17年10月・問40】

裏書の連続

裏書の連続とは、受取人が第1裏書人となり、その被裏書人が第2裏書人となるというように、裏書が最後の被裏書人まで間断なく続いていることをいいます。

この裏書の連続は、受取人（被裏書入）の記載と裏書人の記載が一言一句同じである必要はなく、社会通念上同一性があると認められれば足りるとするのが判例の考え方です。

裏書の連続する手形の所持人は、適法な権利者と推定されます。最後の裏書が白地式である場合も同様です。

抹消した裏書は、裏書の連続の関係においては、記載されていないものとみなされます（手形法16条1項・77条1項）。

白地式裏書の次に他の裏書があるときは、その裏書をした者は、白地式裏書により手形を取得したものとみなされます（同法16条1項・77条1項）。

善意取得

⑴ 意　義

裏書の連続している手形を善意でかつ重大な過失なく譲り受けた者は、たとえ、譲渡人が無権利者であった場合でも、有効に手形上の権利を取得することができ（手形法16条2項・77条1項）、これを善意取得といいます。

ここで善意とは、譲渡人が無権利者であったことを知らないということで、重大なる過失とは、取引上必要とされる注意義務を著しく欠くことをいいます。

⑵ 善意・無重過失の時点

譲受人が手形を善意取得するには、善意・無過失であることを要しますが、それは手形の譲受時においてそうであれば足り、後に譲受人が無権利者であることを知ったとしても、いったん生じた善意取得の効果がくつがえることはありません。

⑶　善意取得の効果

善意取得者は、手形上の権利を取得します。その反射的効果により、本来の手形上の権利者はその権利を喪失します。

⑷　特殊の裏書と善意取得

取立委任裏書および質入裏書では、善意取得は生じません。なぜなら、これらの裏書は権利の移転を目的としないからです。また、期限後裏書についても、善意取得は生じません。なぜなら、この裏書は指名債権譲渡の効力しか生じないからです。

小切手についても、呈示期間経過後の裏書では、手形の期限後裏書と同様に、善意取得は生じません。

⑸　善意取得の不成立

通説によれば、無権代理人からの手形の譲受けについては、善意取得は適用されないとされています。

また、制限行為能力者から手形を譲り受けた後に譲渡が取り消された場合も同様です。

53 手形の支払呈示

重要度 ［★★☆］　進度チェック ☑☑☑

出題【23年10月・問34／22年10月・問33】

手形の支払呈示

手形所持人が振出人（引受人）に支払を求めるためには、手形の支払呈示が必要です。

呈示場所は、商法516条によれば、振出人（引受人）の営業所または住所ですが、実際に流通している手形については、支払場所（第三者方払）として銀行店舗が記載されているため、手形の所持人はその店舗で手形を呈示しなければなりません。

また、手形交換所（電子交換所）における呈示にも支払呈示の効力が認められています（手形法38条２項・77条１項３号）。

なお、白地手形をそのまま支払呈示しても適法な支払呈示とはなりません。

手形の支払呈示期間

⑴　確定日払・日付後定期払・一覧後定期払の手形

支払をなすべき日およびこれに次ぐ２取引日の３日内に支払呈示することが必要です（手形法38条１項・77条１項３号）。支払をなすべき日は、満期が休日になるときは、これに次ぐ取引日です（同法72条１項・77条１項９号）。

⑵　一覧払の手形

振出日付から１年内に支払呈示することが必要です（同法34条・77条１項２号）。

支払呈示と遡求権

手形の所持人が支払呈示期間内に適法な支払呈示をしなかった場合には、所持人は裏書人等に対する遡求権を失います（手形法53条１項・77条１項

4号）。

拒絶証書作成免除になっていても、支払呈示が免除されるわけではありません。

また、手形債務者を履行遅滞に陥らせるためには手形の呈示が必要ですので、債務者の支払拒絶が明らかな場合であっても支払呈示は行うべきです。

もっとも、約束手形の振出人は絶対的支払義務者であるため、所持人が支払呈示をしなかったからといって、振出人に対する手形上の権利を失うことはなく、手形債権が消滅時効にかかるまでの間、振出人に対してはいつでも支払を求めることができます。為替手形の引受人に対しても同様です。

呈示期間経過後の支払呈示

支払場所の記載は、手形の支払呈示期間内の支払についてのみ効力を有し、支払呈示期間経過後は本則に立ち返り、支払地内にある手形の主たる債務者の営業所または住所に支払呈示しなければなりません（最判昭和42・11・８金融・商事判例82号９頁）。

支払呈示期間経過後は、支払場所に手形を呈示しても適法な支払呈示とはなりません。

依頼返却との関係

依頼返却とは、本来手形交換に持ち出すべきでない手形について持出銀行が支払銀行に依頼して手形を返却してもらうことをいいますが（電子交換所規則施行細則28条１項）、実際には、手形の振出人等が不渡処分を受けることを免れるために利用されることが少なくありません。

この依頼返却については、支払呈示の効力が消滅するのかが問題となることがあります。

これについて、判例は、いったんなされた手形の呈示および支払拒絶の効力は失われないとしています（最判昭和32・７・19金融・商事判例529号39頁）。

54 小切手の支払呈示・支払委託の取消し

重要度 ［★★★］　進度チェック☑☑☑

出題【23年6月・問35／22年6月・問34】

小切手の支払呈示期間

小切手は、法律上当然に一覧払とされているため（小切手法28条１項）、小切手を受け取った所持人は、いつでも小切手を支払呈示することが可能です。

小切手の支払呈示期間は、振出日付から起算して10日間とされています（同法29条１項・４項）。

10日間の期間計算は、初日を算入せずにその翌日から期間計算するため（同法61条）、振出日を含め11日間となります。

その場合、期間中に休日があっても、そのまま呈示期間に算入します。しかし、呈示期間の末日が休日のときは、呈示期間はその満了に次ぐ第１の取引日まで伸長されます（同法60条２項）。

先日付小切手と支払呈示期間

小切手は、実際の振出日よりも先日付でも振り出すことができ、これにより呈示期間は、実際の振出日から振出日付の間延長される結果となります。

なお、先日付小切手は、振出日付より前であっても支払呈示できるとされています（小切手法28条２項）。

完成小切手の支払呈示

支払呈示は完成された小切手によってなされることが必要であり、白地小切手をそのまま支払呈示しても適法な支払呈示とはなりません。

ただ、振出日付のない小切手が呈示された場合であっても、銀行はその都度連絡することなく支払うことができ、その取扱いによって生じた損害について支払銀行は振出人に責任を負わないとしています（当座勘定規定ひな型17条）。

支払呈示しなかった場合の効果

小切手を支払呈示期間内に適法に呈示しないと、所持人は、振出人に対する遡求権を失います。

依頼返却との関係

小切手も、手形と同様、不渡処分回避のための依頼返却によって支払呈示の効力が失われることがなく、このため所持人は、依頼返却小切手につき遡求権を行使することが可能です。

支払呈示と支払委託の取消し

小切手は支払呈示期間経過前に支払委託を取り消すことはできません（小切手法32条１項）。この支払委託の取消しは、振出人から支払人に対する意思表示によってなされ、その方法を問いません。銀行に提出される盗難・紛失などの事故届には、支払委託の取消しが含まれているということができます。

支払呈示期間経過後、振出人による支払委託の取消しがなければ引続き銀行（支払人）に支払権限があります。すなわち、銀行は振出人の計算において小切手を支払うことができるのであり（同条２項）、当座勘定規定ひな型もこのことを明らかにしています（当座勘定規定ひな型７条１項）。もっとも、呈示期間経過後相当期間経過したものについては、銀行は取引先の意向に従って処理するのが妥当といえます。

なお、振出人の死亡・意思能力の喪失・行為能力の制限は、それ自体、支払委託の効力に影響を及ぼさないとされています（小切手法33条）。

55 線引小切手

重要度 ［★★★］　進度チェック ☑☑☑

出題【23 年 10 月・問 35 ／ 23 年 6 月・問 34】

線引の意義

線引制度は、盗難・紛失等によって小切手を不正に取得した者が支払を受けることを防ぐための小切手に特有の制度です。

線引の種類・方式

線引小切手には、一般線引小切手と特定線引小切手の２種類があります（小切手法37条２項）。

⑴　一般線引小切手

一般線引小切手とは、小切手の表面に単に２本の平行線を引いたもの、またはこの平行線の間に「銀行」「銀行渡」「Bank」など銀行またはこれと同一の意義を有する文字を記載したものをいいます。

一般線引小切手については、支払銀行は、銀行または支払銀行の取引先に対してのみこれを支払うことができます（同法38条１項）。ここで、取引先とは、銀行がその取引を通じて、身元を把握している者と解されています。

⑵　特定線引小切手

特定線引小切手は、２本の平行線の間に「○○銀行」「△△信用金庫」など特定の銀行の名称を記載したものをいいます（同法37条３項）。

特定線引小切手については、支払銀行と被指定銀行とが異なる場合には、支払銀行は被指定銀行に対してのみ支払うことができます。ただし、被指定銀行は、他の銀行に取立委任をすることは認められています。被指定銀行が支払銀行である場合には、支払銀行は自己の取引先に対してのみ支払うことができます（同法38条２項）。

一般線引小切手を特定線引小切手に変更することはできますが、その逆はできません（同法37条４項）。

線引の抹消は、これをしなかったものとみなされ、特定線引における被指定銀行の抹消も同様にこれをしなかったものとみなされます（同条５項）。

⑶　線引小切手の受入れの制限

線引小切手について、銀行は、自己の取引先または銀行からのみ、線引小切手を取得すること、および取立委任を受けることができます（同法38条３項）。

銀行の損害賠償義務

小切手法38条に違反して、線引小切手の受払をしても、その効力を否定されることはありませんが、その相手方が不正な所持人で、その結果、振出人や正当な所持人に損害が生じた場合には、銀行は、小切手の金額を限度として損害賠償義務を負うこととなります（小切手法38条５項）。

裏判の慣行と取引先の損失負担

銀行実務においては、線引小切手の裏面に届出印が押印されていれば支払銀行は支払請求に応じるという「裏判の慣行」がありますが、当座勘定規定ひな型にもその旨規定されています（当座勘定規定ひな型18条１項）。

取引先の損失負担

裏判のある線引小切手を支払ったことによって正当な権利者が損害を被った場合、銀行は損害賠償義務を負担することになりますが、当座勘定規定ひな型ではその責任を取引先が負う旨の規定を設けています（当座勘定規定ひな型18条２項）

56 自己宛小切手

重要度 ［★★☆］ 進度チェック☑☑☑

出題【23年6月・問34／22年10月・問35】

意　義

小切手は、銀行が自己宛てに振り出すこと、すなわち、銀行が振出人と支払人を兼ねることも認められていますが（小切手法６条３項）、この小切手を自己宛小切手といいます。

自己宛小切手は、その支払が確実であるため、大口の取引で、現金に代わるものとして利用されています。金銭債務の弁済のために、銀行の自己宛小切手が提供されたときは、特段の事情がない限り、債務の本旨に従った弁済の提供があったものとされています（最判昭和37・９・21民集16巻９号2041頁）。

当座小切手との異同

一般の当座小切手では、銀行は、振出人である取引先に対して、当座勘定取引契約にもとづいて、支払義務を負担していますが、所持人に対しては支払義務を負担しません。所持人が結果として支払を受けられるのは、銀行が当座勘定の取引先に対して支払義務を負担していることの反射的効果にすぎません。

これに対して自己宛小切手では、呈示期間内の支払呈示に対して支払を拒絶すると、銀行は、所持人に対して遡求義務を負担することとなります（小切手法39条）。

また、呈示期間後に支払を拒絶すると、この場合には遡求義務を負担しないものの、依頼人から受領している発行代り金の限度で、利得償還債務を負担することとなります（同法72条）。

支払委託関係の存否

自己宛小切手を発行した場合の発行依頼人と銀行との間には支払委託関係

はないとするのが裁判例であり（東京高判昭和42・8・30金融・商事判例73号12頁）、多数説です。

このように解する場合、両者間には自己宛小切手の売買の関係があると考えることとなります。

事故届

自己宛小切手で実務上悩ましいのは、発行依頼人等から紛失・盗難等を理由に支払の差止依頼を受けた場合の対応です。

裁判例によれば、発行依頼人との間に支払委託関係はないとされているので、支払差止依頼を受けた自己宛小切手を支払うか否かは、銀行が自ら決すべきこととなります。

もっとも、このような依頼を受けた以上、当該小切手を支払うに際しての銀行の注意義務は加重されると解されています（前掲・東京高判昭和42・8・30）。

実務上は、いったん不渡りにして、発行依頼人と所持人間で協議してもらい、両者の合意に従って支払処理をする例が多いようです。

57 手形・小切手の偽造・変造

重要度 ［★★☆］ 進度チェック☑☑☑

出題【23年6月・問38／22年6月・問33】

偽造（署名を偽ること）

(1) 意 義

手形・小切手の偽造とは、無権限で他人名義の手形・小切手の署名をして、手形・小切手行為を偽ることをいいます。

偽造は、代理とは異なり、偽造者の名称は手形・小切手面に現れません。偽造は、振出に限らず、裏書、引受、手形保証等の手形行為・小切手行為についても起こりうるものです。

判例で偽造として認められた例としては、以下のようなものがあげられます。

① 約束手形振出人欄に記名・捺印済みの金額等未記入の手形を輸送途中に盗取され、勝手に金額等を記入された

② 手形・小切手作成事務の従事者が書き損じた記名・捺印済み約束手形を流通させた

③ 会社経理課長が社長名を自ら書き、社長印を偽造して手形振出行為をした

④ 口座開設を依頼されて印章および記名用ゴム印を預かった者が本人の承諾なく手形振出行為に及んだ

⑤ 専務理事不在の場合は理事長から手形の振出引受等の記名・捺印をすることが認められている常務理事がそれを悪用して手形引受行為をした

(2) 偽造された者の責任

偽造手形・小切手について、偽造された手形・小切手の名義人は、原則としてなんらの責任を負いませんが、判例は、本人の追認があれば、無権代理の法理を類推適用し、偽造の手形行為・小切手行為は、当初から本人に対しても効力を生ずるとしています（最判昭和41・7・1金融・商事判例15号7頁）。

この考え方から、判例では、民法の表見代理が、手形の偽造の場合にも適用されて、偽造された手形の名義人についての、手形・小切手上の責任を認めています（最判昭和43・12・24金融・商事判例143号６頁）。

⑶　偽造者の責任

手形・小切手の偽造者は、不法行為責任を負う（民法709条）ほか、偽造者は、手形・小切手面に名義は現れていないものの、手形・小切手上の責任も負担します。

すなわち、判例は、無権代理人の責任に関する手形法８条を類推適用することで、偽造者は、手形・小切手上の責任を負担するとしています（最判昭和49・６・28金融・商事判例418号２頁）。

変造（記載を偽ること）

⑴　意　義

手形・小切手の変造とは、権限がないのに署名以外の手形・小切手の記載内容を変更することをいいます。

記載の付加・変更・除去いずれの方法によっても変造となり、手形・小切手の必要的記載事項や有益的記載事項につき記載の付加・変更・除去を行った場合に変造となります。

⑵　変造された手形・小切手の責任関係

変造前の署名者は、変造前の原文言に従って責任を負い、変造後の署名者は、変造後の文言に従って責任を負います（手形法69条・77条１項７号、小切手法50条）。

偽造・変造手形の支払

銀行が、偽造・変造手形・小切手と知らずに、それを当座勘定から引き落として支払った場合、銀行に悪意または重大な過失がない限り、銀行はその支払について責任を負わないものとされています（手形法40条３項・77条１項３号、小切手法35条）。

手形・小切手の時効

重要度 ［★☆☆］ 進度チェック☑☑☑

出題【23年10月・問36／23年6月・問37】

手形・小切手の時効期間

手形・小切手の時効期間は以下のように定められています（手形法70条・77条１項８号、小切手法51条）。

① 約束手形の振出人為替手形の引受人に対する請求権……満期の日から３年

② 手形所持人の裏書人や為替手形振出人に対する遡求権……拒絶証書の作成が免除されていれば、満期の日から１年

③ 償還義務を果たした裏書人、保証人の再遡求権……手形の受戻日から６か月

④ 小切手所持人の振出人・裏書人・保証人に対する遡求権……呈示期間経過後６か月

⑤ 小切手の再遡求権……小切手の受戻日から６か月

手形・小切手の時効完成猶予・更新

時効の完成猶予・更新事由等については、「35　時効の完成猶予・更新」を参照ください。

時効の完成猶予・更新と手形・小切手の呈示

裁判上の請求をすれば、手形を呈示しなくてもその時から時効の完成が猶予されます。

催告については、時効の完成猶予のためであれば手形の呈示を要しないとするのが判例で（最判昭和38・１・30金融・商事判例529号122頁）、内容証明郵便により支払を催促するだけでその時から６か月間は時効が完成しません。

時効の完成猶予・更新の効力

手形・小切手の時効完成猶予・更新の効力は、その事由が生じた者に対してだけ生じることとなります（手形法71条・77条1項8号、小切手法52条）。

時効の効果

手形の主たる債務者である約束手形の振出人の債務が時効によって消滅すると、遡求義務者である裏書人の責任も付従して消滅します。主たる債務が時効により消滅した手形では、裏書人は手形の受戻しによって再遡求することができなくなるためです。

時効完成と利得償還請求権

時効の完成によって手形・小切手上の権利が消滅してしまったときであっても、そのことによって、手形・小切手上の債務者が利益を得ることになる場合には、所持人は、その者に対して、その受けた利益の限度において、償還請求をすることができます（手形法85条、小切手法72条）。この権利を利得償還請求権といいます。

公示催告・除権決定

重要度 ［★★☆］　進度チェック ☑☑☑

出題【23年10月・問37／22年10月・問37】

公示催告・除権決定の意義・効果

公示催告手続とは、手形・小切手をなくした場合に利用される手続で、手形・小切手をなくした人等の申立にもとづき、簡易裁判所の催告を経て、手形・小切手を無効にするものです。簡易裁判所は、この申立があった場合、手形・小切手の所持人に対し、一定の期間内に権利を争う旨の申述をし、かつ、その手形・小切手を提出すべき旨を公告によって催告し、これを公示催告といいます。簡易裁判所は、あわせて、この期間内に権利を争う旨の申述がないときは、手形・小切手を無効にする効果を生じさせる決定を行い、この決定を除権決定といいます。

除権決定がされると、たとえば手形であればその手形が無効とされることから、申立人は、手形を所持していなくても、支払を受けることができるようになります。

公示催告の対象となる有価証券は、法令の規定により定められている約束手形、為替手形、小切手などの有価証券で、株券については対象となりません。

公示催告手続

公示催告の申立は、約束手形、為替手形および小切手などは支払地を管轄する簡易裁判所に申し立てることになります。公示催告は、手形・小切手をなくしたことにもとづくものであるため、それを明らかにするために、警察署への遺失（盗難）等の届出を行う必要があります。

公示催告手続では、その申立・審査の後、公示催告手続開始決定・公示催告決定がなされます。この決定の後、官報に公示催告決定が掲載されます。官報には、有価証券を所持している人は、権利を争う旨の申述の終期までに、申述するとともに有価証券を提出すること、もしその期限までに申述および提出がない場合には、その有価証券の無効を宣言することがある、という内容が掲載されます。

公示催告が官報に掲載された日から権利を争う旨の申述の終期までには、少なくとも２か月の期間が必要です。権利を争う旨の申述の終期までに、適法な権利を争う旨の申述および有価証券の提出がない場合には、除権決定がされます。

除権決定がなされた場合、申立人に除権決定正本が送付され、申立人は、当該証券上の義務者に対して、権利を行使することができるようになります。除権決定については、裁判所による決定の後、官報にこれが掲載されます。

手形・小切手の不渡り

重要度 ［★★★］　　進度チェック ☑☑☑

出題【22年6月・問36／21年10月・問35】

不渡事由

⑴　0号不渡事由

0号不渡事由は、適法な支払呈示でないか、それと同視できる不渡事由、具体的には、形式不備（振出日・受取人の記載のないものを除く）、裏書不備、引受なし、呈示期間経過後（手形に限る）、呈示期間経過後かつ支払委託の取消し（小切手に限る）、期日未到来、除権決定や破産法等にもとづく財産保全処分・包括的禁止命令、破産手続開始決定等、支払禁止の仮処分等がこれに該当します（電子交換所規則施行細則33条1項1号）。

⑵　第1号不渡事由

第1号不渡事由は、「資金不足」と「取引先なし」で、手形が呈示されたときにおいて、当座勘定取引はあるが、その支払資金が不足する場合や、当座勘定取引がない場合がこれに該当します（同項2号）。

⑶　第2号不渡事由

第2号不渡事由は、0号不渡事由および第1号不渡事由以外のすべての不渡事由です。

具体的には、契約不履行、詐取、紛失、盗難、印鑑（署名鑑）相違、偽造、変造、取締役会承認等不存在、金額欄記載方法相違（金額欄にアラビア数字をチェック・ライター以外のもので記入等）、約定用紙相違が第2号不渡事由に該当します（同項3号）。

不渡事由重複時の取扱い

手形・小切手が交換呈示されてきた場合に、決済資金が不足すると同時に、取引先から契約不履行によって返還してほしい旨申出があったときのように、不渡事由が重複する場合には、以下のとおり取り扱うこととしています。

すなわち、0号不渡事由と第1号不渡事由または第2号不渡事由とが重複する場合は０号不渡事由が優先し（不渡情報登録は不要）（電子交換所規則施行細則33条２項１号）、第１号不渡事由と第２号不渡事由とが重複する場合は第１号不渡事由が優先し、第１号不渡情報登録によります（同項２号）。

ただし、第１号不渡事由と偽造または変造とが重複する場合は、第２号不渡情報登録によることとなります（同項２号ただし書）。

不渡届の提出時限

手形について不渡りが生じた場合には、支払銀行は交換日の翌営業日の午前11時までに電子交換所システムに不渡情報登録をしなければなりません。また、持出銀行は交換日の翌々営業日の午前９時30分までに登録された情報を確認し、必要な情報を登録しなければなりません（電子交換所規則40条１項・２項）。

不渡事由の調査義務

不渡事由の調査について、支払銀行には、振出人等の申出内容を調査する義務はなく、申出内容に偽りがあったとしても、不法行為責任を負わないとされています（大阪高判昭和55・６・25金融法務事情940号44頁）。

61 異議申立

重要度 ［★★★］　進度チェック ☑☑☑

出題【17 年 10 月・問 44 ／ 14 年 10 月・問 44】

第２号不渡届に対する異議申立

異議申立の制度は、手形・小切手の振出人等が支払銀行に呈示された手形・小切手金額相当額の金銭（異議申立預託金）を預託し、この資金を見合いに支払銀行が電子交換所に手形・小切手金額相当額の金銭（異議申立提供金）を提供した場合には、不渡りを発生させたとしても、不渡処分を猶予しようというものです。

異議申立は契約不履行等の第２号不渡届に対してすることができます。

債権関係

異議申立預託金の返還請求権の債権者は、手形・小切手の振出人等で、債務者は支払銀行です。その法的性質は、異議申立という委任事務の前払費用（民法649条）と解されています。

異議申立預託金の預託

異議申立預託金は資力の証明のために預託されるので、その預託は交換日にされることを要します。

これに対して異議申立提供金の提供は、交換日の翌々営業日の営業時限（午後３時）までに行えば足ります（電子交換所規則45条１項）。

異議申立提供金の免除請求

不渡事由が偽造・変造の場合には、支払銀行は異議申立提供金の免除を請求することができます（電子交換所規則45条２項）。

異議申立提供金の返還事由（電子交換所規則46条１項）

①　不渡事故が解消し、持出銀行から交換所に不渡事故解消届が提出され

た場合

② 別口の不渡りにより取引停止処分が行われた場合

③ 支払銀行から不渡報告への掲載または取引停止処分を受けることもやむをえないものとして異議申立の取下げ請求があった場合

④ 異議申立をした日から起算して２年を経過した場合

⑤ 当該振出人等が死亡した場合

⑥ 当該手形の支払義務のないことが裁判（調停等を含む）により確定した場合

⑦ 持出銀行から手形交換所に支払義務確定届または差押命令送達届が提出された場合

⑧ 支払銀行に預金保険法に定める保険事故が生じた場合

異議申立提供金の返還の特例

いったん異議申立提供金を提供したときであっても、手形の不渡事由が偽造、変造、詐取、紛失、盗難、取締役会承認等不存在その他これらに相当する事由による場合には、その返還を請求することができます（電子交換所規則46条４項）。

異議申立預託金の弁済期

異議申立預託金は、異議申立提供金に見合う資金として預託されるため、その弁済期は、異議申立提供金の返還を受けた時に到来するとされています（最判昭和45・８・20金融・商事判例227号13頁）。

異議申立預託金に対する差押え

異議申立預託金の返還請求権に差押えがあった場合には、支払銀行は弁済期の到来を待って取立に応じれば足り、差押以前から貸出債権を有していれば、相殺をもって対抗することができます。

62 取引停止処分

重要度 ［★★★］　進度チェック ☑☑☑

出題【22年6月・問37／21年10月・問37】

意　義

取引停止処分は、手形・小切手を不渡りにした振出人等との当座勘定取引および貸出取引（債権保全のための貸出を除く）を２年間禁止するものです（電子交換所規則39条２項）。

不渡報告・取引停止報告掲載

第１回目の不渡情報登録が行われると、手形交換所は、異議申立があった場合等を除き、振出人等を不渡報告に記載し、交換日から４営業日目に交換参加銀行店舗に通知します（電子交換所規則41条）。

第１回の不渡情報登録にかかる手形の交換日から起算して、６か月以内に２回目の不渡情報登録が行われると、手形交換所は、振出人等を取引停止報告に記載し、交換日から４営業日目に交換参加銀行の各店舗に通知します。この掲載日が取引停止処分日となります（同規則42条）。

取引停止処分の内容

参加銀行は、取引停止処分を受けた者との間で、取引停止処分日から起算して２年間、債権保全のための貸出を除き、当座勘定および貸出の取引をすることができません（電子交換所規則39条２項）。

取引停止処分があっても、当座勘定取引は自動的には終了せず、銀行からの解約の意思表示によって終了することになります（民法540条参照）。解約の効力は、当座勘定規定により、解約通知の到達のいかんにかかわらず、その通知を発信した時に生じます（当座勘定規定ひな型23条３項）。

支払義務確定後の取引停止処分等

持出銀行は、異議申立にかかる不渡手形について振出人等に手形金額の支払義務があることが裁判により確定した後においても、それが支払われていない場合には、交換所に対して、不渡報告への掲載または取引停止処分の審査を請求することができます（電子交換所規則47条１項）。

この請求があった場合、交換所は、不渡手形審査専門委員の審議に付し、理由ありと認められるときは、不渡報告への掲載または取引停止処分とします（同条２項）。

取引停止処分等の取消し

不渡報告への掲載または取引停止処分が参加銀行以外の取扱錯誤による場合、参加銀行は、交換所に対し、その取消しを請求することができます（電子交換所規則48条２項）。

不渡報告への掲載または取引停止処分が偽造、変造、詐取、紛失、取締役会承認等不存在その他これらに相当する事由にもとづく場合、振出人等と関係のある銀行は、交換所に対して、取消請求書に証明資料を添付して、その取消しを請求することができます（同規則49条１項）。

取引停止処分等の解除

不渡報告掲載者、取引停止処分者の信用が著しく回復したとき、その他相当の理由があるときは、参加銀行は、証明資料を添付して不渡報告への掲載または取引停止処分の解除を請求することができます（電子交換所規則50条１項）。

63

(電子記録債権)

電子記録債権法

重要度 [★★★]　進度チェック ☑☑☑

出題【23年10月・問38・問39・問40／23年6月・問39・問40】

電子記録債権制度

電子記録債権制度は、電子記録債権という新たな金銭債権を創設し、取引の安全性・流動性を確保することにより、指名債権や手形のデメリットを解消し、事業者の資金調達の円滑化等を図ろうとするものです。

電子記録債権の発生・譲渡

⑴ 発生・譲渡の電子記録

電子記録債権とは、その発生または譲渡について、電子記録債権法の規定による電子記録を要件とする金銭債権をいいます（電子記録債権法２条１項)。

電子記録債権は、電子債権記録機関の調製する磁気ディスク等の記録原簿に発生記録をすることによって成立し（同法15条)、譲渡記録によって譲渡の効力が発生します（同法17条)。つまり、発生および譲渡の場合の電子記録は発生・譲渡の効力要件となっています。

⑵ 電子記録の方法と効力発生時期

発生記録や譲渡記録等の電子記録は、基本的には、電子記録権利者（債権者または譲受人）と電子記録義務者（債務者または譲渡人）双方の請求にもとづいて行われ（同法４条１項・５条１項)、電子債権記録機関が発生記録等をした時に電子記録債権の発生や譲渡の効力が生じます。

発生記録における必要的記載事項は、以下のとおりです。

① 債務者が一定の金額を支払う旨

② 支払期日（確定日に限る。分割払いの場合には各支払期日）

③ 債権者の氏名（名称)、住所

④ 債権者が２人以上ある場合、それが不可分債権であるときはその旨、可分債権であるときは債権者ごとの債権の金額

⑤　債務者の氏名（名称）、住所

⑥　債務者が２人以上ある場合、それが不可分債務または連帯債務であるときはその旨、可分債務であるときは債務者ごとの債務の金額

⑦　記録番号（発生記録、分割記録する際に債権記録ごとに付す番号）

⑧　電子記録の年月日

譲渡記録における必要的記載事項は、①電子記録債権を譲渡する旨、②譲渡人が電子記録債務者の相続人であるときは譲渡人の氏名、住所、③譲受人の氏名（名称）、住所、④電子記録の年月日です。

⑶　電子記録債権の法的性質と善意取得・人的抗弁の切断等

電子記録債権の法的性質は、手形と同様、原因債権（売掛金債権等）とは別個の無因債権であり、電子記録債権の債権者（電子記録権利者）は、債務者（電子記録義務者）に対して、原因債権のほか電子記録債権を取得します。

電子記録債権の譲受人として記録された者は、悪意または重過失を除き、当該電子記録債権を取得します（同法19条１項。善意取得の制度）。また、電子記録債務者（発生記録における債務者等）は、電子記録債権を譲渡した者に対する人的関係にもとづく抗弁をもって電子記録債権者に対抗することはできません（同法20条１項）。このように、電子記録債権は、善意取得や人的抗弁の切断等の取引の安全を確保するための措置が講じられています。

電子記録債権は、分割をすることができますが、分割記録の請求は、分割債権記録に債権者として記録される者だけですることができます（同法43条）。

電子記録債権の消滅と支払等記録（第三者対抗要件）

電子記録債権は、支払、相殺その他の債務の全部もしくは一部を消滅させる行為または混同（以下「支払等」という）により消滅し（電子記録債権法24条１号）、消滅の電子記録をしなくても、支払等、民法の一般原則により消滅します。

なお、電子記録債権の内容は債権記録の記録により定まるため（同法９条１項）、消滅を第三者に主張するためには支払等記録が必要です。したがって、支払等を受けた債権者が支払等記録の請求を怠り債権記録が残存していると、債務者は二重払いのリスクを負うことになります。

そこで、支払等記録は、債務者等が債権者の承諾を得て単独で請求することができ（同法25条１項３号）、債務者等は、債権者に対し、当該支払をするのと引換えに支払等記録の請求の承諾をすることを請求することができることになっています（同条３項）。

さらに、所定の契約を締結した場合には、当該者からの支払等記録の請求がなくても、金融機関から決済情報について通知を受けたときは、電子債権記録機関は遅滞なく支払等の記録をしなければなりません（同法63条２項・65条）。

第4章

銀行取引関連法

64

（銀行法）
貸金庫

重要度 ［★★★］　進度チェック ☑☑☑

出題【23年10月・問42／23年6月・問42】

貸金庫の意義

貸金庫は、銀行が、取引先の有する有価証券や宝石・貴金属等の貴重品の保管用に取引先に貸与するために、金庫室内に固定設置した金庫をいいます。銀行と取引先の間の貸金庫の利用に関する契約内容は、貸金庫規定に定められています。

貸金庫規定ひな型によれば、貸金庫への格納品は、①公社債券、株券その他の有価証券、②預金通帳・証書、契約証書、権利書その他の重要書類、③貴金属、宝石その他の貴重品、④前各号に掲げるものに準じると認められるもの等となっています（貸金庫規定ひな型１条）。

貸金庫の法的性質

貸金庫規定ひな型によれば、金庫の開閉は借主または借主があらかじめ銀行に届け出た代理人が鍵を使用して行うことになっています。この鍵は正副２個があり、１個は借主が保管するもので、正鍵と呼ばれています。他の１個は副鍵と呼ばれ、銀行が立会いのうえ借主が届出の印章（または署名）により封印し、銀行が保管することになっています（貸金庫規定ひな型４条・５条）。

格納品の出し入れは借主自らが行い、個々の格納品についても銀行は関知しない立場にあるため、銀行は貸金庫そのものを取引先に有料で貸与しているのみで、貸金庫内の格納品に対する占有は、借主が有しています。このことから、貸金庫の法的性質は、金庫の貸与を目的とした賃貸借契約であると解されています。

格納品に対する占有は借主にあり銀行にはないとすると、銀行が借主に対して貸出金債権を有している場合に、その弁済を怠ることがあっても、銀行取引約定書旧ひな型４条４項にもとづき、格納品を処分して弁済に充当することはできません。ただし、下記に述べる判例の立場からは、銀行にも占有があることとなり、本条４項の対象に含まれることになります。

格納物の差押えと判例の考え方

貸金庫の法的性質を賃貸借契約とする立場からは、借主が貸金庫内の格納品について差押えを受けた場合、銀行は貸金庫そのものを金庫室内に設置しており、貸金庫全体について借主とともに占有していると考えられること、および借主に対して善管注意義務を有していることから、執行官の金庫内への立入りを拒否できる立場にあるので、借主の承諾を得ることなく執行官の差押執行に協力して、貸金庫箱を提出してはならないことなります。しかし、これでは、銀行の協力が得られない場合には貸金庫の内容物について強制執行ができなくなります。

この点について、最高裁は、貸金庫の内容物については銀行にも格納物件全体に対する包括的な占有があるとして、利用者の銀行に対する貸金庫契約上の内容物引渡請求権を差し押える方法により強制執行をすることができる旨を判示しました（最判平成11・11・29金融・商事判例1081号29項）。

相　続

賃貸借契約では借主の死亡を契約の終了事由としていないため、借主につき相続が開始したときは、借主の地位は相続人に承継されます。しかし、実務では、借主について相続の開始があったときを銀行からの解約事由としています。このため、借主が死亡したときには、相続人に対して解約通知を出すとともに、相続人全員が連署した依頼書により貸金庫を開庫し、相続人立会いのもとに格納品の取出しを認めることになります。

緊急措置、譲渡・転貸等の禁止

貸金庫規定ひな型12条では、「法令の定めるところにより貸金庫の開庫を求められたとき、または店舗の火災、格納品の異変等緊急を要するときは、貸金庫を開庫し臨機の処置をすることができる」旨を定めるとともに、同規定13条では、貸金庫の使用権は譲渡、転貸しまたは質入れすることができないことを定めています。

株式の払込事務

重要度 ［★☆☆］　進度チェック ☑☑☑

出題【23年10月・問43／23年6月・問43】

株式払込金の受入れ

会社の設立には募集設立と発起設立がありますが、募集設立の場合、設立登記の申請に際しては、発起人の請求により株式払込取扱機関が発行する払込金保管証明書を添付しなければなりません（会社法64条１項）。また、この場合、株式払込取扱機関と発起人との間では、株式払込事務取扱委託書等に定める内容にもとづいて株式払込の事務が取り扱われ、両者の法律関係は会社を委任者とする準委任契約となり、民法643条以下が適用されます。

これに対して発起設立の場合には、株式の払込は発起人の定めた株式払込取扱機関へ払い込むことになりますが、従来と異なり保管証明制度が廃止されたため、株式払込取扱機関と株式払込事務の委任契約を結ぶ必要はなく、発起人名義の預金口座を開設するだけで足り、設立登記の申請に際しては、保管証明書に代えて残高証明書等の「払込があったことを証する書面」を添付すれば足ります（同法34条２項、商業登記法47条２項５号）。募集株式の発行の場合にも、発起設立の場合と同様に、株式払込取扱機関の保管証明の制度が廃止されたため（会社法208条１項）、変更登記をする際には「保管証明書」に代わって「払込みがあったことを証する書面」として残高証明書等を添付すれば足ります（商業登記法56条２号）。

株式の申込は、払込期日（または払込期間）までに、現金で現実に行うことを要します（会社法199条１項４号）。株式払込金は現金またはこれと同一視できるものに限られます。

株式払込金保管証明書等の発行

株式払込金保管証明書を発行した株式払込取扱機関は、当該証明書の記載が事実と異なること、出資のために払い込まれた金銭の返還に関する制限があることをもって成立後の会社に対抗することができません（会社法64条

２項)。株式払込金保管証明書は、通常、払込期日の翌営業日以降に登記用と会社用の２通を発行しますが、その様式は全国銀行協会で統一様式を制定しています。

払込仮装行為

払込仮装行為とは、外観上の株式の払込はあるが、実質的には会社の資本が増加しないような方法で払込を行う行為をいい「預合い」と「見せ金」がありますが、資本充実の原則に反する行為であるため、会社法はこれを取り締まるため規定（会社法965条「預合い罪」）を置いています。

預合いは、株式会社における株式の払込に際して、会社の発起人や取締役が払込取扱機関の役職員と通謀して、仮装の払込をする行為をいい、発起人や取締役は預合罪として刑事責任を問われます。この場合の通謀とは、払込取扱機関の役職員が事情を知っていることですが、積極的に仮装払込に参加することも当然含まれ、預合いに応じた払込取扱機関の役職員は応預合罪として刑事責任を問われます。

見せ金は、払込取扱機関以外の第三者からの借入金によって払込を行い、会社の設立または新株発行の手続が終了した後で、会社の資金をもってその借入金の返済をすることをいいます。この見せ金による払込の場合も、会社の発起人や取締役等と払込取扱機関の役職員との間に通謀の事実があれば預合いとなり、預合い罪の適用を受けます。

株式払込金の払出し

募集設立の場合には、株式払込取扱機関は会社設立時まで払込金を保管する義務があり、払込金を会社に引き渡すのは会社設立時になりますので、本店所在地での会社設立登記が完了した時です（会社法49条)。そこで、登記事項証明書によって会社設立登記が完了したことを確認した後に払い出します（通常は、会社名義の当座預金等の預金口座への振替入金をして、代表権ある者から会社の領収書を徴求する)。

一方、発起設立や募集株式の場合は、株式払込取扱機関は、預金口座に振り込まれた金員について保管責任を負うことはなく、会社の設立や増資登記前に当該預金が引き出されてもなんら責任を負うこともありません。

66

(民法)

成年後見制度

重要度 [★★★]　進度チェック ☑☑☑

出題【23年10月・問44／22年10月・問45】

成年被後見人

成年被後見人とは、精神上の障害（認知症、知的障害、精神障害等）により判断能力を欠く常況にある者で、家庭裁判所から「後見開始の審判」を受けた者をいいます（民法7条・8条）。

「常況にある」とは、ときどきは普通の精神状態を回復することがあっても、意思能力を欠く状態が通常の状態であることをいいます。

家庭裁判所によって選任された成年後見人（同条・843条1項）が、財産管理および身上監護に関するすべての法律行為を成年被後見人に代わって行うことになります（同法859条1項）。

成年被後見人宛の郵便物について、成年後見人は、家庭裁判所に請求することにより、6か月に限って成年後見人に配達させ、自ら開けて見ることができます（民法860条の2・860条の3）。

また、成年被後見人が死亡した場合、成年後見人は、相続財産の中の特定の財産の保存行為、相続債務の弁済、火葬・埋葬に関する契約等を行うことができます（同法873条の2）。

成年被後見人は、日用品の購入その他日常生活に関する行為以外の財産行為については行為能力を有せず、成年被後見人が自ら法律行為を行った場合には、本人または成年後見人はその行為を取り消すことができます（同法9条・120条1項）。

被保佐人

被保佐人とは、精神上の障害により判断能力が著しく不十分な者で、家庭裁判所から「保佐開始の審判」を受けた者をいいます（民法11条・12条）。

家庭裁判所によって保佐人が選任されると（同条・876条の2第1項）、被保佐人が一定の重要な財産上の法律行為（同法13条1項）を行うには、保佐人の同意を要します。

被保佐人が、保佐人の同意を得ずに単独でこれらの行為を行ったときには、その行為を取り消すことができます（同条４項・120条１項）。

なお、当事者が申立により選択した特定の行為について、審判により、保佐人に代理権を付与することもできます（同法876条の４第１項）。

被補助人

被補助人とは、軽度の精神上の障害により判断能力が不十分な者で、家庭裁判所から「補助開始の審判」を受けた者をいいます（民法15条・16条）。

家庭裁判所によって補助人が選任され（同法16条・876条の７第１項）、当事者が申立により選択した特定の行為について、審判により補助人に同意権または代理権が付与されます（同法17条１項・876条の９第１項）。

被補助人が、補助人の同意を得ずに単独で同意権の対象となる特定の法律行為を行ったときは、その行為を取り消すことができます（同法17条４項・120条１項）。

また、審判により定められた特定の法律行為について補助人に代理権が付与されると、補助人はその特定の法律行為を被補助人に代わって行うことができます（同法876条の９第１項）。

67 （会社法）株式会社の機関

重要度 ［★★★］　進度チェック ☑☑☑

出題【23 年 10 月・問 47 ／ 23 年 6 月・問 47】

株主総会

株主総会は、株主の総意によって会社の意思を決定する必要的機関であり、取締役会設置会社においては基本的事項のみを決定する機関とされています。

株主総会の権限は、会社の意思決定に限られ、執行行為をすることはできません（執行行為には取締役または執行役があたる）。そして、その意思決定の権限も、原則として法律の定めた事項に限られています（会社法295条２項・３項）。株主総会の法定権限は、①取締役・監査役などの機関の選任・解任に関する事項、②会社の基礎的変更に関する事項（定款変更、合併・会社分割等、解散等）、③株主の重要な利益に関する事項（剰余金配当）、④取締役に委ねたのでは株主の利益が害されるおそれが高いと考えられる事項（取締役の報酬の決定等）であり、それ以外の事項の決定は、取締役会に委ねられています（同法362条２項・４項・５項）。

取締役

法定の欠格者は取締役になることができず（会社法331条１項）、またその職務から自然人に限られます。取締役の員数は、取締役会非設置会社では１人でもよいが、取締役会設置会社では３人以上必要です（同条５項）。

取締役の任期は、原則として２年ですが、定款または株主総会の決議によって任期を短縮できます（同法332条１項）。ただし、公開会社でない株式会社（監査等委員会設置会社、指名委員会等設置会社を除く）の取締役の任期は、定款により最長10年まで伸張することができます（同条２項）。

取締役会

公開会社、監査役会設置会社および監査等委員会設置会社、指名委員会等

設置会社は、取締役会を設置しなければなりませんが（会社法327条１項）、株式譲渡制限会社は、取締役会の設置は義務づけられていません。

取締役会は、すべての取締役で組織し（同法362条１項）、①業務執行の決定、②取締役の職務の執行の監督、③代表取締役の選定および解職、を行います（同条２項）。

また、取締役会は、次の①～⑦その他の重要な業務執行の決定を取締役に委任することはできません（同条４項）。①重要な財産の処分および譲受け、②多額の借財、③支配人その他の重要な使用人の選任および解任、④支店その他の重要な組織の設置・変更および廃止、⑤社債の募集、⑥取締役の職務の執行が法令および定款に適合することを確保するための体制その他株式会社の業務の適正を確保するために必要なものとして法務省令で定める体制の整備、⑦定款の定めにもとづく取締役等の責任の免除。

取締役会で意思決定した事項は、代表取締役のほか、代表取締役以外の取締役であって、取締役会の決議によって取締役会設置会社の業務を執行する取締役として選定されたもの等の業務執行取締役が執行します（同法363条１項）。また、業務執行取締役は、３か月に１回以上、自己の職務の執行の状況を取締役会に報告しなければなりません（同条２項）。

取締役会の決議

取締役会の決議は、どのような議題であっても、議決に加わることができる取締役の過半数（定款でこの要件を加重することができるが軽減することはできない）が出席し、その過半数をもってなされます（会社法369条１項）。

取締役会の決議について特別の利害関係を有する取締役は、取締役の現在員数にも定足数にも算入されません（同法369条２項）。

定款で定めれば、議決に加わることができる取締役の全員が書面に同意の意思表示をしたときは、その提案を可決する旨の取締役会の決議があったものとみなされ（同法370条）、取締役会の決議を省略することができます。

また、取締役・監査役等が取締役の全員に対して取締役会に報告すべき事項を通知したときは、取締役会への報告を省略することができます（同法372条１項）。

(その他)金融商品取引法・金融サービス提供法

重要度 [★★★]　進度チェック☑☑☑

出題【23年10月・問49／23年6月・問48】

金融商品取引法と適合性の原則等

金融商品取引業者および登録金融機関は、投資家保護の観点から、適合性の原則を尊重して、業務を遂行しなければなりません。金融商品取引法は、金融商品取引業者等に対して、金融商品取引行為について、顧客の知識、経験、財産の状況および契約締結目的に照らして、不適当と認められる勧誘をしないように求めるとともに、取得した顧客情報の適正な取扱いの確保措置を講じること、ならびに業務運営が公益に反し、または投資家保護に支障が生じるおそれがあると認められる所定の状況に陥ることのないことを求めています(金融商品取引法40条)。

金融商品取引法は、金融商品取引業者等・その役員・使用人に各種の義務(広告等の規制、契約締結前の書面交付義務、契約締結時の書面交付義務、損失補てん等の禁止など)を課し、その違反者に対して、刑事罰を用意しています(同法197条以下)。ただし、顧客に対する誠実義務や適合性の原則違反については、刑事罰は科されません。そのほか、業務改善命令等の行政処分および課徴金の制度が用意されています(同法51条以下・172条以下)。

金融サービス提供法と説明義務等

(1) 重要事項の説明義務と断定的判断の提供禁止

金融商品販売業者等は、顧客に対し、重要事項について説明をしなければなりません。ここでいう重要事項とは、①元本欠損・元本超過損が生じるおそれがある旨、②その原因となる指標・事由等、③取引の仕組みのうちの重要部分です。このほか、権利行使期間・解除可能期間につき制限がある場合には、それも重要事項に含まれます(金融サービス提供法4条1項)。

この重要事項の説明は、顧客の知識、経験、財産状況および契約締結目的に照らして、その理解を得るために、必要な方法・程度によるものでなければなりません（同条２項）。

もっとも、顧客が専門知識・経験を有する者として政令で定められている者、すなわち、いわゆるプロである場合、および顧客が説明を要しないと意思表明をした場合には、この説明義務は免除されます（同条７項）。

金融商品の販売勧誘に際して、金融商品販売業者等は、顧客に対し、不確実な事項について断定的な判断を提供し、または確実であると誤認させるような行為をしてはなりません（同法５条）。

⑵　説明義務を怠った場合の効果

金融商品販売業者等が重要事項の説明を怠ったとき、または断定的判断の提供等を行ったときは、これによって生じた顧客の損害を賠償しなければなりません（同法６条）。その場合、元本欠損額が損害の額と推定されます（同法７条）。

金融サービス提供法は、金融商品販売業者等に説明義務違反があれば故意・過失がなくても、顧客に対して損害賠償責任を負担するものとしています。また因果関係の立証についても、元本欠損額を損害の額と推定することにより立証責任が転換されているため、元本欠損が生じた場合には、顧客は重要事項の説明がなかったことのみを立証すれば足ります。これにより、金融商品販売業者等の損害賠償責任は、無過失責任化されているといえます。

金融商品販売業者等の損害賠償責任については、この法律の規定によるほか、民法の規定によります（同法８条）。具体的には、時効や過失相殺に関する民法の規定がそれに該当します（民法722条・724条）。

⑶　勧誘方針の策定・公表

金融商品の適正な販売勧誘の実効性を確保するため、金融サービス提供法は、金融商品販売業者等に対してあらかじめ勧誘方針を定めることを課しています（金融サービス提供法10条１項）。この勧誘方針には、①勧誘対象者の知識、経験、財産の状況および金融商品販売契約の締結目的に照らし配慮すべき事項、②勧誘方法・時間帯に関し勧誘対象者に対し配慮すべき事項、③このほか勧誘適正確保に関する事項を掲げなければなりません（同条２項）。

勧誘方針を定めたときは、本店・主たる事務所において見やすいように掲示する等政令で定める方法で、すみやかに、これを公表しなければなりません。これを変更したときも、同様です（同条３項）。

69 消費者契約法

重要度 ［★★☆］　進度チェック☑☑☑

出題【23年10月・問49／22年10月・問49】

消費者契約法の目的・定義

消費者契約法は、事業者の行為・契約の内容が消費者の利益を害するようなものである場合には、契約の取消し・無効を認めることによって消費者の保護を図ることを目的としています（消費者契約法1条）。

「消費者」とは個人のことをいい（同法2条1項）、「事業者」とは、法人その他の団体のことをいいますが、「事業としてまたは事業のために契約の当事者となる個人」は、事業者に含まれます（同条2項）。「消費者契約」とは、消費者と事業者との間で締結される契約をいいます（同条3項）。

契約の取消し

事業者が契約締結の勧誘に際して、以下の行為をしたことにより消費者が誤認し、それによって契約の申込･承諾の意思表示をしたときは、消費者は、その意思表示の取消しができます（消費者契約法4条）。

① 契約の重要事項について事実と異なる告知をすること（同条1項1号）

② 将来の価額、将来受け取ることとなる金額、その他将来における変動が不確実な事項についての断定的判断の提供すること（同項2号）

③ 契約の重要事項について消費者の利益となる旨を告げて不利益となる事実を故意または重大な過失によって告げないこと（同条2項）

④ 消費者が事業者に対し退去等を要請したにもかかわらず、事業者が消費者の住居等から退去せず（同条3項1号）、あるいは事業者の勧誘場所から消費者を退去させないこと（同項2号）。

⑤ 消費者が加齢等により判断能力が著しく低下していることから生計に過大な不安を抱いていることを知りながら、その不安をあおり合理的な根拠もなく生活の維持が困難になる旨を告げること（同項5号）

⑥ 契約の目的となるものの分量、回数、期間が、消費者の通常の分量等

を著しく超えるものであることを事業者が知っていた場合等（同条４項）

取消権の行使期間

取消権は、追認できる時から１年間行使しないとき、および契約締結の時から５年間経過したときに消滅します（消費者契約法７条１項）。

事業者の損害賠償責任を免除する条項の無効

以下の条項は無効となります（消費者契約法８条１項）。

① 事業者の債務不履行による損害賠償責任の全部、またはその一部（事業者、代表者または使用者の重過失の場合に限る）を免除し、または事業者のその責任の有無（一部の場合はその限度）を決定する権限を付与する条項

② 事業者の不法行為による損害賠償責任の全部、またはその一部（事業者、代表者または使用者の故意または重過失の場合に限る）を免除し、または事業者のその責任の有無（一部の場合はその限度）を決定する権限を付与する条項

消費者の解除権を放棄させる条項の無効

以下の条項は無効になります（消費者契約法８条の２）。

① 事業者の債務不履行により生じた消費者の解除権を放棄させ、または事業者にその権限の有無を決定する権限を付与する条項

② 契約が有償契約である場合において、契約の目的物に隠れた瑕疵があることにより生じた消費者の解除権を放棄させ、または事業者にその権限の有無を決定する権限を付与する条項

消費者の利益を一方的に害する条項の無効

消費者の不作為をもって意思表示をしたものとみなす条項等、民法、商法等の任意規定の適用による場合と比べ消費者の権利を制限する条項であって、信義則に反して消費者の利益を害する条項は無効となります（消費者契約法10条）。

70 個人情報保護法

重要度 ［★★☆］　進度チェック ☑☑☑

出題【21年6月・問49／20年10月・問49】

個人情報の定義

⑴ 個人情報

個人情報とは、生存する個人に関する情報であって、氏名、生年月日その他の記述によって特定の個人を識別することができるものいい、これには他の情報と容易に照合でき、それによって特定の個人を識別できるものも含まれます（個人情報の保護に関する法律（以下「個人情報保護法」という）2条1項1号）。

また、個人識別符号が含まれているものも個人情報となります。個人識別符号とは、文字、番号、記号、付合のうち、①身体の一部の特徴をデータ変換した文字、番号、記号等で個人を識別できるもの、②サービスの利用、商品の購入、カード等の発行によって割り当てられ、記載・記録されることにより、当該個人を識別できるものをいいます（同条2項）。

①の例として、DNAを構成する塩基の配列、静脈の形状、指紋等、②には、旅券の番号、運転免許証の番号等があります（同法施行令1条）。

⑵ 要配慮個人情報

要配慮個人情報とは、人種、信条、社会的身分、病歴、犯罪の経歴、犯罪により害を被った事実その他本人に対する不当な差別、偏見その他の不利益が生じないよう、その取扱いに特に配慮を要するものをいいます（同法2条3項）。例として、身体障害・知的障害・精神障害等があること、健康診断等の結果、被疑者または被告人として逮捕・勾留等の刑事事件に関する手続が行われたこと等があります。

⑶ 仮名加工情報・匿名加工情報

仮名加工情報とは、他の情報と照合しない限り特定の個人を識別することができないように加工した個人情報をいいます（同条5項）。

匿名加工情報とは、特定の個人を識別することができないように加工した個人情報で、それが復元できないようにしたものをいいます（同条６項）。

⑷　個人関連情報

個人関連情報とは、生存する個人に関する情報であって、個人情報、仮名加工情報及び匿名加工情報のいずれにも該当しないものをいいます（同条７項）。

個人情報の取得

⑴　適正な取得

個人情報取扱事業者（個人情報データベース等を事業の用に供している者）は違法または不当な行為を助長し、または誘発するおそれがある方法により個人情報を利用してはならず（個人情報保護法19条）、また、偽りその他不正の手段によって個人情報を取得してはなりません（同法20条１項）。なお、要配慮個人情報を取得する場合は、法令にもとづく場合等個人情報保護法20条２項各号に該当する場合を除いて、本人の同意を得ずに要配慮個人情報を取得することはできません（同２項）。

⑵　利用目的の通知等

個人情報取扱事業者は、個人情報を取得した場合、あらかじめ利用目的を公表している場合を除き、速やかに利用目的を本人に通知または公表しなければなりません（同法21条１項）。なお、これとは別に、契約書その他の書面等に記載された個人情報を取得する場合は、本人に対してその利用目的を明示しなければなりません（同条２項）。

個人データ・個人関連情報の第三者提供の制限

個人情報取扱事業者・個人関連情報取扱業者は、法令に基づく場合等個人情報保護法27条１項各号に該当する場合を除いて、本人の同意を得ずに個人データ・個人関連情報を第三者に提供してはなりません（個人情報保護法27条１項・31条１項）。

仮名加工情報・匿名加工情報の作成等

仮名加工情報・匿名加工情報を作成する場合は、個人情報保護委員会規則で定める基準に従って加工しなければならず（同法41条１項、43条１項）、その際、個人情報から削除した記述等・個人識別符号および加工の方法に関する情報の漏洩を防止するために必要な安全管理措置を講じなければなりません（同法41条２項、43条２項）。

また、仮名加工情報（個人情報であるものを除く）は、法令に基づく場合を除くほか第三者に提供してはなりません（同法41条６項、42条１項）。匿名加工情報を第三者に提供するときは、あらかじめその匿名加工情報に含まれる個人情報の項目・提供方法を公表するとともに、当該第三者に対して匿名加工情報であることを明示する必要があります（同法43条４項、44条）。

個人情報保護委員会

個人情報保護委員会は、個人情報取扱事業者等に対して指導・助言や報告徴収・立入検査を行い、法令違反があった場合は勧告・命令等を行います。

<執筆協力>
笹川豪介（弁護士）

銀行業務検定試験
法務３級　直前整理70　2024年度受験用

2024年３月31日　第１刷発行

編　　者　経済法令研究会
発行者　志茂満仁
発行所　㈱経済法令研究会
〒162-8421　東京都新宿区市谷本村町３-21
電話　代表03(3267)4811　制作03(3267)4823
https://www.khk.co.jp/

営業所／東京03(3267)4812　大阪06(6261)2911　名古屋052(332)3511　福岡092(411)0805

制作／長谷川理紗　印刷・製本／㈱加藤文明社

ISBN 978-4-7668-2504-6

☆　本書の内容等に関する追加情報および訂正等について　☆

本書の内容等につき発行後に追加情報のお知らせおよび誤記の訂正等の必要が生じた場合には、当社ホームページに掲載いたします。

（ホームページ［書籍・ＤＶＤ・定期刊行誌］メニュー下部の［追補・正誤表］）

2024
年版

〜判例・約款付〜

金融取引
小六法

金融機関行職員必携
信頼と実績の小六法

編集代表 **神田秀樹**

●A5判・1,168頁
●定価：3,300円（税込）
ISBN 978-4-7668-2502-2　C2532

＜法務2級、金融コンプライアンス・オフィサー1級 試験持込可＞

【主な法改正等の内容】

電子交換所規則・同施行細則の新規収録

手形交換所から電子交換所移行に伴い、電子交換所規則・同施行細則の新規収録とそれに伴う当座勘定規定等の改正を反映！

法改正の反映や新規法律を追加

民法、法務局における遺言書の保管等に関する省令、犯罪による収益の移転防止に関する法律など各種法改正の反映のほか、預貯金者の意思に基づく個人番号の利用による預貯金口座の管理等に関する法律を追加！

法改正 15

民法、法務局における遺言書の保管等に関する省令、民事執行法、民事保全法、破産法、銀行法、信用金庫法、金融商品取引法、外国為替及び外国貿易法、犯罪による収益の移転防止に関する法律、民間公益活動を促進するための休眠預金等に係る資金の活用に関する法律 等

新規収録判例 12

- ●相続税算定における相続不動産の評価方法（最判令4・4・19金判1655・54）
- ●相続税の申告と更正処分取消判決の拘束力（最判令3・6・24金判1638・2）
- ●高齢者の公正証書遺言の遺言能力（広島高判令2・9・30判時2496・29）ほか

重要法令67収録　重要判例1266収録　巻末に各種約款・判例索引付

経済法令研究会 https://www.khk.co.jp/
〒162-8421 東京都新宿区市谷本村町3-21
TEL 03(3267)4810　FAX 03(3267)4998

●経済法令ブログ
https://khk-blog.jp/

●X（旧Twitter）
（経済法令研究会出版事業部）
@khk_syuppan